OHSAMA BUNKO

不思議なくらい日本史の謎がわかる本

「歴史ミステリー」倶楽部

三笠書房

はじめに

日本史には、まだまだ多くの謎が残されている！

誰もが一度はひと通り学んだ日本史。

ドラマ、小説、マンガなどでしばしば取り上げられる、そんな誰もが知っている日本史にも、知られざる一面が隠されている。

たとえば、幕末の英雄、坂本龍馬と西郷隆盛。犬猿の仲だった薩摩と長州を結びつけ、徳川幕府を崩壊へと導いた人物として有名だ。

ところが、近代日本の基礎を築いたこの二人の関係は、どうやら穏やかなものではなかったらしい。仲がいいどころか、殺してしまいたいくらい憎しみ合っていた……。

あるいは戦国時代きっての悪役、明智光秀。本能寺の変で主君の織田信長を裏切った光秀は、信長の跡を継いだ豊臣秀吉に討たれたとされている。

だが実は、光秀は死んではいなかった。それどころか、江戸幕府を開いた徳川家に潜り込み、自らの野望を成就させたというのである。

このように、日本史には多くの謎が残されている。

誰もが知っている有名人物や重大事件であっても、その裏には常識を覆すような異説や、意外なエピソード、いまなお解けないミステリーがいくつも隠されているのだ。そうした〝隠された歴史〟を探り当てることこそ、日本史の醍醐味といえる。

本書では、日本史の有名人物・事件を古代から近代まで幅広く取り上げ、それにまつわる謎や裏話を紹介する。

・邪馬台国の女王・卑弥呼の死の真相
・「赤穂浪士の討ち入り」の陰からのぞく幕府の思惑
・日露戦争を勝利に導いた一人の日本人の存在

……。

「知っている日本史」の「知らない顔」が、本書を読めば見えてくる。

それでは、さっそくページをめくって、これまで知ることのなかったダイナミックな日本史の世界を堪能していただきたい。

「歴史ミステリー」倶楽部

◆もくじ

1章

「歴史の常識」をぶち壊す〝あっと驚く真相〟！

2章　ドラマでおなじみ！「あの人物」「あの事件」は、実は……

3章 誰もが知っている有名人物たちの「死の謎」に迫る!

4章

美女・才女・悪女……歴史を変えた女たち

5章

日本の行く末を左右した〝恐るべき陰謀〟の数々！

6章

武将たちの戦い——合戦の裏側にあった〝すごいかけ引き〟

本文イラスト　小島サエキチ

1章

「歴史の常識」をぶち壊す〝あっと驚く真相〟！

明智光秀は生き延びて家康に仕えていた⁉

日本史において悪役とされる人物は数多いが、特に悪名高いのが主君の織田信長を討った**明智光秀**だ。

天正十（一五八二）年六月二日、光秀は謀反を起こし、京都の本能寺に宿泊していた信長と後継者の信忠を襲って自害に追い込んだ。

いわゆる**「本能寺の変」**である。

光秀は信長にとって、もっとも信頼する部下の一人だった。しかし、接待ぶりが気に入らないと満座のなかで責められたり、領地を取り上げられて地方へ国替えされたりするなど、腹に据えかねることが多々あった。それらが積もりに積もって、ついに爆発してしまった、というのが光秀の犯行動機の一つとされている。

また、信長の勢力拡大を恐れる朝廷に勅命を下されたとか、天下取りを目論む豊臣秀吉に裏で操られていた、などという説もある。つまり、光秀の犯行動機はいまだにはっきりわかっていないのだ。

いずれにせよ、光秀は本能寺の変のあと、山崎の戦いで秀吉に敗れて死んだとされている。彼を斬ったのは、落ち武者狩りをしていた百姓だったと伝わる。

主君の信頼を裏切り、その報いで非業の死を遂げた戦国大名。長年、そのように信じられてきた光秀だが、**「実は山崎の戦いでは死なず、東に逃れて徳川家康に仕えていた」**という驚くべき説が存在するのだ。これはいったい、どういうことなのだろうか。

◎光秀は江戸時代まで生きていた!?

徳川家康に仕えたなかに、**天海**という天台宗の僧侶がいた。会津（現・福島県）に生まれ、**百八歳まで生きたと囁かれる怪僧**である。

元亀二（一五七一）年、織田信長が天台宗の本山・延暦寺を焼き討ちにすると、武田信玄のもとに逃れ、その後、家康に招かれて駿河（現・静岡県）に移り、家康・秀忠・家光の三代将軍に仕えた――。

これが一般に知られている天海の経歴だが、天海自身は自分の経歴についてあまり語らなかったため、さまざまな異説が唱えられている。その一つが**「天海＝明智光秀」説**なのである。

山崎の戦いを生き延びて、その後の人生を天海として生きた。何とも信じがたい話だが、根拠がないわけではない。光秀の木像と位牌《いはい》がある京都・慈眼寺《じげんじ》の寺号と、天海の諡号《しごう》（死後に贈られる尊称）である「慈眼大師」は同じ「慈眼」。これはただの偶然だろうか。

◇「関ヶ原の戦い」でも光秀は暗躍していた!?

天海の行動にも、なにやら光秀を思わせるところがある。たとえば、**関ヶ原の戦いでの暗躍**である。

“悪役”明智光秀は怪僧・天海として生き延びた？
（本徳寺蔵）

天海は、慶長五（一六〇〇）年に起こった関ヶ原の戦いに参加したとされる。この天下分け目の戦いは、西軍の小早川秀秋《こばやかわひであき》が裏切って東軍についたことが、勝敗を大きく左右した。そして、**秀秋の裏切りの陰に天海がいたのではないか**といわれているのである。

『関ヶ原　誰が大合戦を仕掛けたか』（武光誠著）では、興味深い事実が指摘されている。

天海は、小早川秀秋の家臣・稲葉正成《まさなり》と手を組み、秀秋の裏切りを誘った。そしてその稲葉正成は、なんと明智家の親戚にあたるというのだ。

なぜ、天海と稲葉正成とが通じていたのか。その疑問も、天海こそが光秀その人で、稲葉正成と親戚同士であったと考えるとすっきりする。すなわち、天海となった光秀が、明智家と縁のある者と手を組んで、憎き豊臣家を関ヶ原で敗戦に追い込んだというわけだ。

◎徳川家に〝明智の血〟が流れていた!?

疑惑はまだある。

光秀の甥の娘には、春日局《かすがのつぼね》という女性がおり、三代将軍・家光の乳母として大きな力を振るっていた。特に家光の生母・お江与《えよ》の方の死後は大奥の公務を取り仕切るようになるなど、大きな権力をもつに至った。この春日局の活躍の背後に、天海がいたのではないかと考えられているのである。

天海もまた家光に仕え、寛永二（一六二五）年には忍岡《しのぶがおか》に寛永寺を創建、さらに江戸の都市計画にもかかわるなど幕府の権力の中枢で活躍していた。そして寛永二十（一六四三）年、百八歳で没した数年後には、朝廷より慈眼大師号を追贈されている。

天海がこれほどまで将軍の信任を得ることができたのも、自分と血のつながりがある春日局が徳川家に深く入り込んでいたからと考えればつじつまが合う。

さらに驚くべきことに、春日局は家光の乳母ではなく、実の母親だったという説もある。つまり、家康と春日局の間にできた子が家光だというのだ。それが真実だとしたら、**光秀は将軍家と縁戚関係にあった**ことになる。

はたして天海は明智光秀だったのか――。

明確な結論が出ているわけではないが、もしも本当に天海と光秀が同一人物だったとしたら、秀吉に滅ぼされた光秀が天海として豊臣家を破り、明智の血を引く将軍を立てて天下をとったことになるのだ。

光秀は、本能寺の変のときの野望を果たしていたのかもしれない。

〝豊臣秀吉の血〟は実は絶えていなかった⁉

関ヶ原の戦いから十五年後、慶長二十（一六一五）年四月に**大坂夏の陣**が起きた。徳川家と豊臣家の最終決戦である。

徳川家康は大坂城に籠る豊臣方に対して、秀吉の息子・秀頼の国替え、あるいはその母・淀殿《よどどの》の江戸移住を求めた。これを豊臣方が拒否すると、家康は東西の諸大名に出陣を命じ、大軍で大坂城を包囲。豊臣軍もはじめのうちこそ善戦したが、天王寺・岡山合戦でついに敗北してしまう。秀頼と淀殿はともに自害したとされた。

しかし、その直後から奇妙な噂がまことしやかに囁かれはじめる。秀頼の死の瞬間を目撃した者がおらず、死体も見つからなかったため、「**秀頼はまだ生きている**」という生存説が浮上したのだ。その噂はいまに至るまで絶えることなく続いている。

◎秀頼の〝意外な逃走ルート〟とは？

　では、秀頼が生存していたとすれば、彼はいったいどこに消えたのか。一説には、落城の混乱に乗じてひそかに逃れ、九州の薩摩地方（現・鹿児島県）へ渡ったという。

　大坂城落城後、上方では「花のようなる秀頼様を、鬼のようなる真田《さなだ》（真田氏：豊臣家の家臣）が連れて、退きも退いたよ鹿児島へ」という内容の童歌が流行した。

　さらに、フランス生まれのイエズス会宣教師であるジャン・クラッセの『日本西教史』という本には、「母妻をともなって辺境の大名領地に落ち延びた」とあり、イギリスの貿易商人のリチャード・コックスの日記には、「薩摩・琉球に逃げた」とある。

　こうしたことから、秀頼が生きて九州に逃げたとする説は、当時の人々の間で根強く信じられていたことがわかる。

　また、秀頼が薩摩に逃れたという説の背景には、関ヶ原の戦いで西軍についた薩摩の大名・島津家の存在もあるようだ。「大坂夏の陣が終わり徳川家の天下になったが、いずれまた争乱が起きるかもしれない。自分たちが再び戦うときの旗頭として秀頼を持ち上げよう」と考えて、薩摩が秀頼をかくまったというわけだ。

秀頼生存説はあくまで噂にすぎないという否定的な意見もあるが、生存説が真実であることを示すかのような伝承が、各地に伝わっているのである。

たとえば、歴史の裏面史を研究する前川和彦氏が豊後・日出藩（現・大分県）の藩主の末裔から聞いたとされる秘話では、秀頼が薩摩に落ち延びる際、子の国松《くにまつ》もともなっていたという。

国松は大坂夏の陣のあと、潜伏しているところを捕らえられて処刑されたといわれるが、なんと、**斬首されたのは身代わりの少年だった**というのだ。

本物の国松は、日出藩に引き取られ、大成したらしい。秀吉の正室（正妻）・北政所《きたのまんどころ》の甥が、木下姓を賜って日出藩の初代藩主になった縁で引き取られ、名を縫《ぬい》殿《の》助《すけ》と改めて立石（現・大分県）の領主になったというのである。

◇「島原の乱」の指導者は秀吉の末裔だった⁉

さらに前川氏が長崎で見つけた別の文書によると、**秀頼は「島原の乱」に参戦した**という。同じ九州でも薩摩ではなく、島原（現・長崎県）に逃れたというのだ。

島原の乱の指導者として活躍した人物のなかに「羽柴天四郎秀綱」という名前があり、これが秀頼の御落胤《ごらくいん》だと記されている。羽柴といえば、秀吉が豊臣姓を用いるまで使用していた姓。奇妙な符合である。

また、島原の乱の大将である天草四郎が用いた馬印は、豊臣家のものと同じ瓢簞《ひょうたん》だったともいわれる。

こうしたことから、**天草四郎は秀頼の子、あるいは孫**だという説が広く伝わっているのである。

島原の乱の一揆には、旧豊臣方の浪人（主家を去ったり亡くして俸禄《ほうろく》を失った武士）が多く加わっていたといわれる。一揆の勢力はせいぜい三万七千程度、相手の幕府軍は十二万五千以上。

しかも、一揆勢の根城の原城《はら》は、一度壊されかけた城を修復した建物にすぎず、激しい戦いに耐えられなかった。それでも彼らは三カ月もの間、幕府と対等に渡り合った。**「豊臣家再興」の願いが一揆の原動力になっていた**とも考えられる。

だが結局、幕府軍は一揆を壊滅させ、原城に立て籠った人々を皆殺しにした。天草四郎も殺された。幕府がここまで徹底的につぶしにかかったのは、天草四郎が豊臣の血を引く者であることを知っていたからだともいわれる。

秀頼は生存して逃げ延びたのか。天草四郎は豊臣の血を引く人物だったのか。その答えはいまだに見つかっていない。

あのザビエルは〝日本侵略〟を目論んでいた⁉

キリスト教は戦国時代初期の天文十八（一五四九）年、**イエズス会の宣教師フランシスコ・ザビエル**によって日本にもたらされた。

スペインとフランスにまたがるピレネー山脈。その西南部にあったナバラ王国で、ザビエルは貴族の子として生まれた。そして天文三（一五三四）年、同郷の貴族イグナティウス＝ロヨラらとともにイエズス会を創設したのである。

ザビエルは、ポルトガル国王の要請を受けてインドやモルッカ諸島などで布教を行なった。そして、マラッカで出逢った日本人の案内で鹿児島に上陸、**日本にはじめてキリスト教を伝えた**のである。

ザビエルは平戸から博多、山口を経て京都へのぼる間、精力的に布教活動を行なった。その結果、大村純忠《すみただ》（肥前大村城主）、大友宗麟《そうりん》（豊後臼杵《うすき》城主）らのように、キリスト教徒（キリシタン）になる戦国大名が続々と現われ、キリスト教は日本全国に広まっていった。

こうした功績から、ザビエルは日本にキリスト教を布教した偉大な聖人として日本史の教科書につづられている。ところが、この聖人ザビエルには、隠された別の顔があったという。

なんと、**日本の植民地化を狙うポルトガル国王のスパイだった**というのだ。

◇ポルトガル国王とザビエルの〝密約〟とは？

そもそもザビエルが所属したイエズス会とは、キリスト教（カトリック）を世界各地に広めることを目的とする修道会である。修道士たちは長く困難な船旅をして見ず知らずの土地に渡り、現地で布教活動にいそしんだ。

聖人・ザビエルは日本の植民地化を狙っていた？
（神戸市立博物館蔵）

ただ、航海には船や莫大な資金が必要で、そのためにはポルトガル国王の援助が欠かせなかった。

しかし国王からすれば、そう簡単に国の金を渡すわけにはいかない。

時にヨーロッパは大航海時代。スペイン・ポルトガル両国は、カトリックの最高権威であるローマ教皇から、「新たに発見した土地で教線を広げられるのであれば、その土地を独占的に領有してよい」といわれていた。

そのため、アメリカ大陸などの植民地化に躍起になっていたのである。

そうしたなかポルトガル国王は、一計を

案じる。宣教師たちに援助の金を渡す代わりに、〝新世界〟を植民地化する手助けをさせよう――と。

かくしてイエズス会の宣教師たちは、布教活動のかたわら、その土地を植民地にするためのスパイになったとされている。

ザビエルもスパイ活動を行なっていた可能性があるという。もちろん、宣教師たちの第一の目的は布教活動にあったが、日本の国勢事情を入手しては、ひそかに情報を国王に伝えていたと見られている。

事実、ザビエルは日本に漂着すると、ポルトガルの植民地であったインドのゴアに、日本の社会、経済状況や貿易事情などを手紙で詳細に書き送っている。

ゴアに残されたそれらの手紙には、「日本の鉱山は多くの金を産出するので、それと交換すれば莫大な利益を上げられる」とか、「大坂にヨーロッパの品物を収容する倉庫をつくることや、ポルトガルの官吏が住む場所を得ることは容易である」といった意味深長な内容がつづられている。

見方によっては、スパイの報告書と考えることもできるだろう。

◇秀吉は〝宣教師たちの陰謀〟に気づいていた⁉

とはいえ、「ザビエルの行なったことは、単なる情報収集であり、その内容にしても交易の可能性を示唆したものにすぎない」という意見もある。はたして「植民地化」の計画は、本当に企てられていたのだろうか。

実は、これが史実である可能性を示す一つの歴史的事件がある。豊臣秀吉が断行した厳しいキリスト教弾圧である。

戦国時代末期、天下統一を目指した織田信長は、鉄砲を活用し南蛮貿易の利益を上げるためにキリスト教を保護した。しかし、その跡を継いだ秀吉は、はじめこそキリスト教に寛大であったが、次第に転換するかまえを見せる。そしてついに天正十五（一五八七）年、**「バテレン追放令」**を出して宣教を禁止したのである。

さらに慶長元（一五九六）年、サン・フェリペ号事件（スペインの大型船サン・フェリペ号が、暴風にあって土佐〈現・高知県〉の浦戸沖に漂着した際、秀吉が船荷と乗員の所持金をすべて没収するという暴挙に出た事件）を皮切りに、徹底的なキリスト教迫害を開始するのだ。

このとき、秀吉は土佐に側近を派遣して調査を行なわせている。そこで側近が入手したのが、例の植民地化計画だとされる。サン・フェリペ号の航海長が「スペインはキリシタンを増やして日本侵略を狙っている」と告げたというのだ。

これを耳にした秀吉は以後、**容赦のないキリシタン弾圧**に乗り出し、同年に二十六名のキリスト教徒を捕らえて処刑している。

これは日本初のキリシタンに対する処刑で、ヨーロッパ各国に大きな衝撃を与えた迫害事件であった。秀吉の突然の方針変更は、日本を侵略から守ろうとしたものなのかもしれない。

◎イエズス会の〝極秘文書〟に記された驚愕の計画とは？

さて、ではポルトガルやスペインによる植民地化計画とは、どのような内容だったのか。これについて書かれた文献がある。

イエズス会の文書館に所蔵されているというこの文献は、歴史研究家で慶應義塾大学名誉教授の高瀬弘一郎博士が発見して明らかになった。

そこには「イエズス会の宣教師たちは**自国の軍隊を日本に上陸させ、一方で日本のキリシタン大名たちに反乱を起こさせて一挙に植民地化を完成させる**」計画だったと記されているという。ただ現在、この文書は極秘扱いになっており、外部にその内容は公表されていない。

極秘文書に記載された、恐るべき侵略計画。実は日本は、植民地化される一歩手前まできていたのではないだろうか。

伊達政宗はスペインと密約を結んで討幕を企てていた⁉

「**独眼竜**《どくがんりゅう》」の異名をもつ**戦国武将・伊達政宗**。幼少期に天然痘を患ったせいで右目を失ったが、隻眼《せきがん》のハンディキャップをものともせず、伊達氏を名門に育て上げた反骨の名将である。

その政宗をめぐって、ある疑惑が囁かれている。江戸時代初期、政宗はスペインと軍事同盟を結んで、討幕を計画していたのではないかというのだ。

徳川家康が関ヶ原の戦いで勝利し、江戸に幕府を開いたことで、政宗の天下取りの野望はついえたかに見えた。しかし、彼は徳川の時代になってからも天下人への夢を捨てておらず、**ひそかに幕府の転覆を狙っていた**というのである。

慶長十八（一六一三）年、政宗は家臣の支倉常長《はせくらつねなが》ら百八十余名で編成された使節団を、サン・ファン・バウティスタ号という仙台藩製造の大船に乗せて海外に派遣した。目的はスペイン領国のノビスパン（メキシコ）やスペイン本国との通商交渉を行なうことと、宣教師の派遣を求めることだったといわれている。

しかし、この**使節団には不可解な点がいくつかある**。当時、すでにキリシタン禁令が発令され、布教は禁じられていた。にもかかわらず、なぜ宣教師を来日させようとしたのか。また、幕府は大型船の製造を禁止していたはずなのに、それを無視してまでサン・ファン・バウティスタ号を建造したのはなぜか。

こうした点から、政宗が使節団を派遣した真の目的は、「**世界最強と謳われていたスペインと、軍事同盟を組むことにあった**のではないか」と疑われることになったのである。

◇独眼竜は〝天下取り〟をあきらめていなかった⁉

実際、疑惑を裏づけると思われる証拠がある。

まず、支倉常長がスペイン国王フェリペ三世に渡した親書だ。そのなかには「スペインと敵対関係にあるイギリス、オランダをはじめ、その他のいかなる国民でも、日本に入国してきた者はすべて裁判にかける」という内容がある。これをスペインに対する**軍事同盟の提案**と解釈する説が唱えられているのだ。

また、ヨーロッパで出版された使節団に関する記録『伊達政宗遣使録』には、政宗が「自分の地位と領土をスペイン国王に献じる」と提案する記述まで残されている。

さらに、使節団がヴァチカンのローマ教皇パウロ五世に渡した政宗の親書には、「スペイン国王フェリペ三世との関係を仲介してほしい」という要請が書かれている。

政宗自筆の書簡には、計画が露見したときの備えからか、軍事同盟をにおわすようなものは見つかっていない。ただ、使節団に同行した宣教師ルイス・ソテロは政宗の野望を明らかに示す書簡を残している。

たとえば、スペインの宰相に宛てた書簡には、「**政宗は幕府に迫害されている三十万人のキリシタンを家来にし、天下をとろうとしている**」とある。また、スペイン国王に謁見した常長の口上の通訳記録には、「**政宗はわが身、領土をスペイン国王に献**

じ、国王の役に立つことがあれば喜んで尽くす」とある。

これは、ソテロが誤訳したか勝手に通訳した可能性が高いといわれているが、政宗に何らかの思惑がなければ、こうした発言にはなりそうにない。

◇謀反を疑われた政宗がとった“意外な行動”

もちろん、政宗の陰謀説には否定的な見解もある。もともと、使節団の最大の目的は通商交渉だ。国王や教皇の歓心を買うために、書簡にあるような、少々行きすぎた発言をしたのではないかというのである。

だが近年、青森中央学院大学の大泉光一

教授が興味深い説を発表した。使節団が帰国してからの政宗の行動から、彼が野望をもっていたことがうかがえるというのである。

大泉氏は、仙台に滞在していた宣教師アンジェリスの書簡のなかの「政宗は常長が帰国したとたん、それまで肯定的に見ていたキリスト教に対して迫害を行なった」という記述に注目する。

この急な方針転換こそ、**将軍・徳川秀忠に謀反を疑われた政宗が、慌てて忠誠心を示そうとした**証拠だというのだ。

おそらく、使節団はスペインと軍事同盟を結ぶことができず、政宗の目論見は露と消えた。そうなると、怖いのは幕府に敵対者と見なされることである。そうならないためのカムフラージュとして、キリスト教徒の迫害を行なった、と大泉氏は述べている。

はたして独眼竜は、天下取りの野望を抱き続けた最後の戦国武将だったのか。新たな証拠の発見が待たれるところである。

桓武天皇が〝平安京遷都〟を急いだ「本当の理由」

古代、日本の都は何度も変わっている。八世紀には平城京、長岡京、平安京と三度の遷都が行なわれたが、そのうち二度の遷都にかかわっているのが、**平安時代の礎を築いた桓武天皇**である。

桓武天皇は光仁天皇の皇子で、天応元（七八一）年に即位し、延暦二十五（八〇六）年まで在位した。蝦夷《えぞ》征討、最澄・空海の登用による平安仏教の確立、地方政治の振興など輝かしい業績も多い。しかし、桓武天皇による遷都は、どす黒い疑惑で溢れかえっている。

桓武天皇が最初に行なったのは、平城京から長岡京への遷都である。長岡京は山背《やましろの》国乙訓郡《くにおとくにぐん》長岡の地、現在の京都市の南西に造営された都。平城京の人口増加が問題になっていたこともあり、桓武天皇は延暦三（七八四）年、遷都に踏み切ったのである。長岡京のそばには桂《かつら》川、宇治川などが流れ、それらの川が合流する淀川からも近かった。そのため、船で物資を運ぶのに適しており、また平城京で問題となっていた生活排水についても心配のいらない立地条件だった。

しかし、それからわずか十年後、桓武天皇は長岡京を捨てて、今度は平安京への遷都を行なう。そのきっかけは、長岡京造営の責任者であった藤原種継《たねつぐ》が延暦四（七八五）年に何者かによって暗殺されたことにあった。

種継は桓武天皇が厚く信頼していた寵臣。長岡京造営にあたって中心的役割を担っていたほか、資金面でも多額の出資をしていた。その種継の不慮の死によって、造営工事は遅れがちになってしまったのである。

◎早良親王の祟りか？　偶然とは思えない災厄の数々

事件の首謀者はすぐに判明した。藤原氏と対立していた大伴継人《おおとものつぐひと》・竹良《たけら》ら数十名である。事件の直前に病死していたが、歌人として名高い大伴家持《やかもち》も首謀者の一人とされた。

さらに事件の黒幕として驚くべき人物が浮かび上がった。桓武天皇の実弟で、皇位継承者の**早良親王**《さわら》である。

事件関係者は捕らえられ、斬刑や流刑など厳しい処罰が下された。早良親王は淡路島への流罪が決まり、まず長岡京にある乙訓寺《おとくにでら》に幽閉されることになった。

しかし、早良親王は無実を訴える。絶食してまで無実を訴え続けたが聞き入れられず、結局、**淡路に移送される途中で恨みを抱いたまま餓死**してしまった。

桓武天皇は、早良親王の哀れな最期を聞いても決して許すことはなかった。遺体を予定通り淡路に送り、その地に葬ったのである。

かくして種継暗殺事件は一応の決着を見た。だがその後、桓武天皇のまわりで次々と不吉な出来事が起こりはじめる。

桓武天皇は早良親王が亡くなったので、まだ幼い息子の安殿親王《あてのみこ》を皇太子にし、長岡京の造営を進めていくことにした。

そうしたなか、安殿親王が重い病に倒れ、桓武天皇の生母、皇后、夫人らが相次いで亡くなってしまう。さらに巷では疫病が蔓延したり飢饉や洪水が起こったりと、**天変地異が頻発**したのである。

桓武天皇は、これらの不吉な出来事は**早良親王の怨霊の祟り**だと恐れ、ついには長岡京の造営をあきらめて、平安京への遷都を決めた。

◇桓武天皇の心にあった「罪の意識」とは？

では、早良親王は本当に種継暗殺の黒幕だったのだろうか。これには諸説あり、真相は謎のままだが、驚くべきことに桓武天皇が種継暗殺の真犯人なのではないかという説がある。

先述の通り、桓武天皇のあとの皇位継承者は弟の早良親王とされていた。だが、実の息子・安殿親王が生まれると、桓武天皇の心のなかで「安殿親王を皇位継承者にしたい」という思いが強まっていった。

そうしたなかで、桓武天皇は藤原種継暗殺を決行。加えて、**邪魔な早良親王に無実の罪を着せたのではないか**、というのである。

荒唐無稽な説のようにも思えるが、実は桓武天皇は自分が皇位につく際、義父母らを謀殺したという過去をもつ。そのことを考えると、弟を死に至らしめたとしても不思議はないだろう。

だが結局、桓武天皇は早良親王の祟りによって長岡京を捨て去らねばならなくなった。新たに造営された平安京は、その後千年に及ぶきらびやかな都となる。けれども桓武天皇の心中は、親族を手にかけたという罪の深さにさいなまれ続けていたのかもしれない。

教科書には載っていない「大化の改新の真相」

皇極四（六四五）年六月十二日、当時、朝廷で大きな権力をもっていた蘇我入鹿《そがのいるか》が殺害された。手を下したのは皇極《こうぎょく》天皇の子である中大兄皇子《なかのおおえのおうじ》と朝廷の祭祀をつかさどる中臣鎌足《なかとみのかまたり》。

蘇我氏の排除と、天皇中心の中央集権国家建設を狙っての暗殺だった。息子を殺された入鹿の父・蘇我蝦夷《えみし》も、翌日、自分の屋敷に火を放って自害した。

この事件は、六四五年が干支年で「乙巳《いっし》の年」だったことから、「**乙巳の変**」と呼ばれている。

その後、女帝である皇極天皇が弟の軽皇子《かるのみこ》に天皇の座を譲ると、軽皇子は孝徳天皇として即位。皇太子となって実権を握った中大兄皇子は、中臣鎌足とともに、中国の制度を取り入れた新体制作りに着手した。これを「**大化の改新**」という。

しかし、ここには大きな謎がある。なぜ中大兄皇子は自ら天皇とならず、叔父である軽皇子が天皇となったのか。また、なぜ皇極天皇は「乙巳の変」後、急に天皇の座を譲ろうと考えたのか。

この謎の答えとして考えられるのが、実は「乙巳の変」の本当の首謀者は軽皇子であり、**中大兄皇子と中臣鎌足は単なる実行犯にすぎなかった**という説である。

◇陰の首謀者・軽皇子の目的は？

皇極天皇の後継者候補は二人いた。中大兄皇子と古人大兄皇子《ふるひとのおおえのみこ》である。中大兄皇子は、舒明《じょめい》天皇と宝皇女《たからのひめみこ》（のちの皇極天皇）との間に生まれた皇子。

一方、古人大兄皇子は、舒明天皇と蘇我馬子の娘との間に生まれた皇子。血統的には中大兄皇子が皇位を継承するはずだが、朝廷随一の権力者である蘇我入鹿は身内である古人大兄皇子を次期天皇に推していた。

この状況を、苦虫を噛み潰す思いで見ていたのが軽皇子だ。軽皇子は皇極天皇の弟で、敏達《びだつ》天皇の曾孫にあたる人物であったが、古人大兄皇子や中大兄皇子に比べれば、舒明天皇の後継者になるには遠い存在だった。

つまり、軽皇子が天皇になるには、古人大兄皇子と中大兄皇子を押し退ける必要があったのである。

しかし軽皇子は、同じ皇族を手にかけることに抵抗を覚えたのか、二人を殺そうとはしなかった。政権を裏から支えている権力者、つまり**蘇我入鹿を排除して一発逆転**しようと考え、乙巳の変を起こした——これが軽皇子首謀者説のあらましである。

そもそも皇極朝は、蘇我入鹿を首班とする王朝であり、女帝である皇極天皇が政務を執っているのも、入鹿の助けがあってこそだった。そこで軽皇子は、入鹿を倒して中大兄皇子と古人大兄皇子を皇位から遠ざけ、姉の皇極天皇に自分への譲位を迫ろうと考えたのである。

◇皇極天皇がすんなり皇位を譲ったワケ

軽皇子黒幕説が真実かどうかはわからない。だが実際、事件後の皇極天皇から軽皇子への皇位継承は実にスムーズに行なわれた。

普通に考えれば、有力な皇位継承候補者であり、クーデターの立役者でもある中大兄皇子が即位しそうなものだが、彼を差し置いて軽皇子が即位することになったのである。もう一人の有力候補者であった古人大兄皇子は、出家してしまった。

『日本書紀』には、「皇極天皇が突如、中大兄皇子に皇位を譲るといい出したが、中大兄皇子は辞退した。軽皇子も辞退して古人大兄皇子を推挙したが、古人大兄皇子も断った」とある。これは**『日本書紀』の捏造《ねつぞう》**だろうと専門家は見ている。

軽皇子黒幕説が真実ならば、中大兄皇子はただの実行役の一人にすぎなかったことになる。「大化の改新」は教科書に載っているような「中大兄皇子と中臣鎌足による謀略」ではなく、皇族同士のかけ引きの産物だったのかもしれない。

なぜ「明暦の大火」の火元は"お咎めなし"だった？

火事と喧嘩は江戸の華――。

そういわれるほど、江戸の町には火事が多かった。

たとえば、明和九（一七七二）年二月二十九日の「明和の大火」では、目黒行人《ぎょうにん》坂《ざか》を火元とする火事が麻布から日本橋、京橋、神田、本郷、下谷、浅草と下町一円に広がり、一万人以上が死亡した。

文化三（一八〇六）年三月四日の「文化の大火」では、芝車町《くるまちょう》から出火し、日本橋、京橋、神田、浅草などに拡大。武家邸約八十、寺社約八十、五百余町を焼き尽くし、死者は数千人に及んだとされる。

この明和の大火、文化の大火よりもはるかに大規模だったのが、明暦三（一六五七）年一月十八日に起こった「**明暦の大火**」、俗にいう「**振袖火事**」である。

火元と見られるのは本郷丸山の本妙寺。北風に煽られて火はまたたく間に燃え広がり、十九日までに八百余町（江戸の町の約六割）を焼き尽くした。死者は五万人とも十万人ともいわれ、堀や川は遺体で埋まったという。江戸城の天守閣までもが焼け落ちるほどの大火災だった。

これほどの大火となった原因としては、まず当時の江戸の町が日本一の過密都市だったことが挙げられる。

江戸の町は、住民の身分によって武家地、寺社地、町人の住む町地と区分けされていた。

だが、総人口の半数は町人が占めていたため、限られた広さしかない町地には、路地裏までびっしりと長屋が並んでいた。そのため、**町地にひとたび火災が発生すると、もはや食い止めようがなかった**のだ。

気象条件も大きく関係していたと見られている。当時、江戸の町では二カ月くらい雨が降っておらず、乾燥しきっていた。また風が激しく、火がどんどん煽られてしまったのである。

◇「お咎め」どころか「寺格」が上がった本妙寺

この明暦の大火により、半世紀以上をかけて築かれた江戸の町は灰燼《かいじん》に帰し、再建を余儀なくされた。

しかし火事のあと、あらぬ噂が流れはじめた。**「大火は放火によって引き起こされたのではないか」**というのである。

というのも、火元とされる本妙寺は何ら「お咎めなし」だったからである。火事が起こった場合、火元には何らかの処罰が科されるのが普通である。

しかし本妙寺には処罰がなく、それどころか寺格（寺の等級）が上げられている。また江戸再建に際して、多くの寺社が郊外の代替地に移っていったにもかかわらず、本妙寺は元の場所への再建が許された。

ここから、実は本妙寺が火元ではなく、火付けの犯人役を引き受けたのではないかといわれるようになったのである。

江戸の町が灰燼に帰した「明暦の大火」
（東京都立中央図書館蔵「むさしあぶみ」）

◇まさか時の老中が放火を指示!?

明暦の大火の真犯人は誰か——。この謎に関しては諸説唱えられているが、現在有力視されているのは、**時の老中・松平信綱《のぶつな》による謀略**説である。

当時、江戸の町の人口は増える一方で、何の計画性もないまま家々が急増していた。そのため、幕府には町の整備が急務とされていたが、急ごしらえの町の改造は至難の業。そこで都市計画を担当していた信綱が、**手っ取り早く町を焼き払ってしまおう**と考え、意図的に火事を起こしたのではないかというのである。

信綱謀略説には、裏づけとなる事実がある。

信綱の配下に久世《くぜ》広之《ひろゆき》という人物がいた。江戸城再建の総奉行として腕を振るい、のちに若年寄を経て老中にまでなるやり手である。

この広之は本妙寺の中興に大きく貢献した檀家とされ、本妙寺は広之の子の時代から久世家の菩提寺となっている。そして大火から十年後、本妙寺は日蓮宗系宗派の「触頭《ふれがしら》」という寺格に昇格しているのである。こうして見ると、信綱、広之、本妙寺の関係が、何やらきな臭く思えてくるだろう。

真相は不明だが、**大火の後、江戸の町が大きく変貌**したのは事実である。

区画整理が進んで道幅が広げられ、火事の延焼を食い止めるための火除《ひよけ》地もつくられた。また、隅田川の下流では、避難路として両国橋が架けられた。

さらに、大名屋敷が江戸城内から城外に移され、城内の延焼防止策も講じられた。

かくして江戸の町の大改造計画は順調に進み、そのスピードと効率性には誰もが感嘆した。まるで、あらかじめ火事を想定していたかのような手際のよさ。復興の裏には、江戸を一新するための暗い陰謀が見え隠れしている。

大海人皇子vs大友皇子――「壬申の乱」の意外な真相とは？

「古代最大の内乱」――それは天智天皇の弟の**大海人皇子**《おおあまのみこ》と実子である**大友皇子**《おおとものみこ》の間で繰り広げられた、天武元（六七二）年の**「壬申の乱」**である。

天智天皇は即位前の名を中大兄皇子《なかのおおえのおうじ》といい、「大化の改新」を断行して中央集権体制の基礎を築いた、古代史における最重要人物の一人だ。

この天智天皇は当初、弟の大海人皇子を皇太子に任じていたが、晩年になるとわが子の大友皇子を皇位につけたくなった。天智十（六七一）年には大友皇子を太政大臣に任命する一方、大海人皇子には何の役職も与えなかった。

この人事からは、大友皇子を後継者にし、大海人皇子を政権から除外しようとする意図が明らかに見てとれ、天智天皇と大海人皇子の間には大きな溝ができた。

ところが、天智天皇は臨終の場で思いがけない言葉を放つ。天智十（六七一）年十月、病床にあって最期を覚悟した天智天皇は、大海人皇子を招いて「自分の死後のことを大海人皇子に託す」との遺言を残したのだ。

それまで政権から外されるなどの憂き目を見てきた大海人皇子は、天智天皇の真意を計りかねて身の危険を感じた。そしてすぐに出家し、皇位を継承する意思がないことを示して吉野山に入った。大海人皇子は天智天皇の深謀遠慮を知り尽くしていたのである。

その後結局、**大友皇子が弘文天皇となった**が、彼は常に吉野に去った大海人皇子を警戒し、兵を集めて戦に備えた。

大海人皇子はこれを知ると吉野を脱出、有力豪族や東国の兵士らを結集し、都である近江へ進軍した。ここに「壬申の乱」が勃発したのである。

約一カ月にわたる戦闘の結果、大海人皇子が勝利をおさめ、敗走した大友皇子は自害した。そして天武二（六七三）年、**大海人皇子は即位して天武天皇となった**のである。

◇大海人皇子は、はたして「悲運」だったのか？

これが『日本書紀』に記されている壬申の乱の経緯だが、この皇位継承者争いには謎が残っている。

大海人皇子は一度は皇太子になったが、その地位を突如奪われたわけで、悲運の皇族といわれる。しかし実は、**「大海人皇子はそもそも皇太子ではなかった」**という説が存在するというのだ。

壬申の乱で大海人皇子と大友皇子が争ったのが天武元（六七二）年。一方、皇太子制が成立するのは持統三（六八九）年である。つまり「皇太子」という地位は、いまだ存在していなかったのである。

では、大海人皇子の本当の地位は何だったのかというと、「大王弟」というものだったという。

歴史学者・遠山美都男《みつお》氏によると、大王弟はあくまで大王（天皇）である兄の補佐役で、皇位継承の順位とは無関係なのだという。大海人皇子は、「皇位継承者候補の

【大海人皇子は誰の子だったのか?】

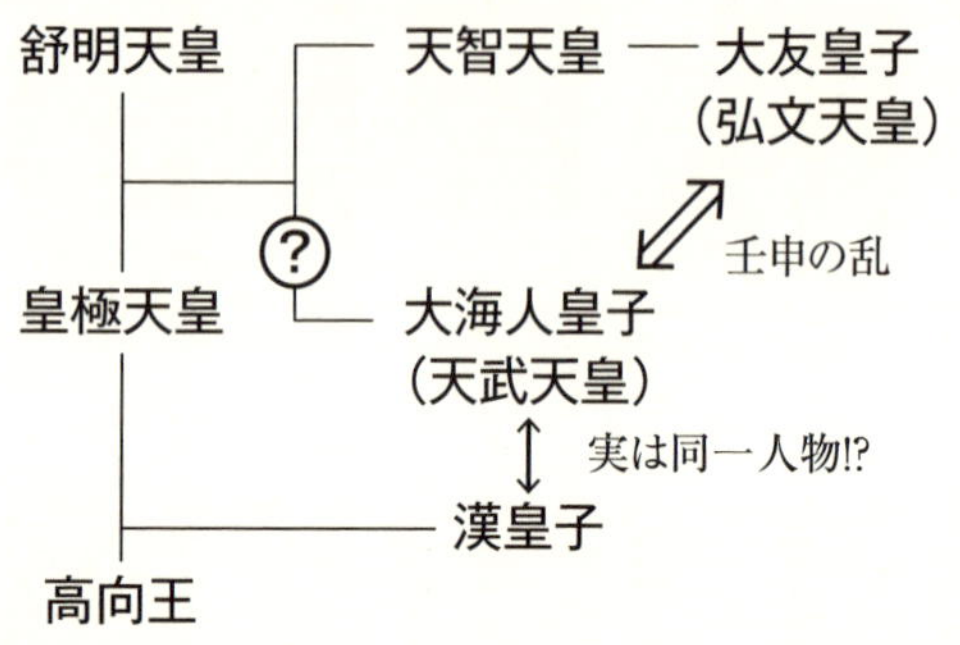

一人」にすぎなかったのだ。

また、大海人皇子は天智天皇と同父母の弟とされてきたが、これについても疑惑がもち上がっている。

疑惑の原因は、二人の生年だ。『日本書紀』の記述をもとに計算すると、天智天皇の生まれ年は六二六年になる。

一方、大海人皇子の生まれ年は鎌倉時代中期の『一代要記《いちだいようき》』や南北朝時代の『本朝皇胤紹運録《ほんちょうこういんじょううんろく》』をもとに計算すると、六二二年になる。つまり、**弟の大海人皇子のほうが兄の天智天皇より四歳も年上になってしまう**のである。

ここから、大海人皇子は天智天皇の母・

宝皇女（のちの皇極天皇）と高向王《たかむこおう》（舒明天皇と結婚する前の夫）との間に生まれた漢皇子《あやのみこ》という男子だった可能性が指摘されている。

もしそれが事実ならば**大海人皇子は舒明天皇の血を引いていない**ことになるので、正統な皇位継承者候補とはいえないことになる。

◎心変わりしたのは大海人皇子だった？

謎はまだある。大海人皇子が皇位継承者候補でなかったとすれば、天智天皇が臨終間際に「自分の死後のことを大海人皇子に託す」と述べたのはどうしてか。この謎について、遠山美都男氏は著書『壬申の乱』のなかで、大海人皇子の心変わり説を提唱している。

大海人皇子と臨終間際の天智天皇のやりとりは、『日本書紀』の「天智紀」と「天武紀」に記されているが、両者には微妙な違いがある。「天智紀」は簡潔に書き流しているのに対し、「天武紀」は大海人皇子が皇位継承を受けた場合、天智天皇は大海人皇子を殺害する意志があったと記している。

大海人皇子は、当初は大友擁立を認めていたにもかかわらず、天智天皇の死期が近いと見るや、態度を一変させて自分が皇位を継承する意志を見せはじめた。そのため天智天皇は、皇位継承をほのめかすことで、**大海人皇子の野心を測った**のである。

心変わりしたのは天智天皇ではなく、大海人皇子だったのだろうか。古代最大の内乱は現代に大きな謎を残すことになった。

平安京を襲った凶事！“応天門の変”をめぐる権力闘争

貞観八（八六六）年、**平安京の宮城内にある応天門が、何者かによって放火され焼け落ちた**。応天門は国の重要な儀式を執り行なう朝堂院の正門。当時は朝廷の施設が火災に遭うのは凶事と恐れられていたため、都の人々は大きな衝撃を受けた。

事件の直後、大納言の伴善男《とものよしお》は、「放火の犯人は左大臣の源信《みなもとのまこと》である」と訴え出た。源信は当時の朝廷においてナンバー2の位にいたが、事件以後はその権力を失ってしまう。

しかしこのとき、朝廷のトップである太政大臣の藤原良房《よしふさ》は、**なぜか源信をかばって取り調べを中断、放免してしまった**。事件はここから、真犯人が二転三転する劇的な展開を見せる。ライバルを蹴落とそうという何人かの悪巧みが事件を複雑にしていったのである。

◇なぜ伴善男親子は〝一族のシンボル〟に放火した？

半年後、事件は意外な方向に動き出す。大宅鷹取《おおやけのたかとり》という下役人が、なんと伴善男とその息子が犯人だと申し出たのだ。当時、伴氏にとって源信は朝廷におけるライバルで、善男と信は不仲であった。そのため善男は信を罠にはめて政界から蹴落とそうとしたというのである。

世間は意外な真犯人発覚に、またしても大騒ぎとなった。そこで清和天皇は事件解決のため「天下の政務を代行せよ」と良房に命じた。

伴善男と息子らは厳しく取り調べられた。そしてついに善男の従者が拷問に耐え切れず、**善男親子が「源信を陥れるために放火した」と告白**。これにより、善男親子は伊豆に流罪となり、一族の有力者たちも流罪を宣言された。ここに、大和朝廷の大伴氏から続いた名門・伴氏は失墜したのである。

これで事件は解決したかと思われた。しかし、犯人が伴善男というのには、いくつもの疑問がわき上がった。

実は、**応天門は伴氏の父祖の大伴氏が造営し守ってきた門**で、かつては大伴門とも呼ばれていた。応天門は朝廷と大伴氏が栄えるためにつくられた門だったのだ。したがって、伴善男が一族のシンボルといえる大事な門に放火するとは考えにくい。

一方で、やはり善男が源信を陥れようとしたという説も捨てきれない。善男の祖父の大伴継人《つぐひと》は、長岡京で起きた藤原種継《たねつぐ》暗殺の罪で処刑された。この事件で大伴氏は政界における権威を失ってしまった。そこで、善男は一族の再興をはかり、応天門に放火してライバルの源信に罪をなすりつけようとしたのではないか、というのである。

◇事件を裏から操った「意外な真犯人」

しかし、容疑者をこの二人に絞るのはまだ早い。事件後の朝廷の状況を考えると、さらに**驚くべき真犯人の顔が浮かんでくる**のだ。その真犯人とは、政界の頂点に君臨する藤原良房。応天門の変で、もっとも利益を得た人物である。

この事件を機に、源信も伴氏も政界の出世街道から脱落した。一方で、良房は天皇に代わって政治を執り行なう摂政となっている。「応天門が焼けたおかげで権力を独占できた」といっても過言ではない。

そもそも政権独占を狙う良房にとって、新勢力である源信は邪魔な存在であった。また、一族の再興を狙う伴善男も、目の上のタンコブだったといえる。伴氏は古代から続く豪族大伴氏の流れをくみ、武門の誉れも高く、一族が団結でもしたら武力のない藤原氏の立場は危うくなるからだ。

そこで良房は、まず伴善男に「源信が犯人だ」と告げ口をするように指示して源信を失脚させ、次に大宅鷹取に「伴善男が真犯人だ」と訴えさせて、伴善男も失脚させたというのである。

とはいえ、これは推測にすぎない。真犯人はいったい誰なのか、二転三転する真相は、解決がつかないままである。

2章

ドラマでおなじみ！
「あの人物」「あの事件」は、実は……

「暴れん坊将軍」徳川吉宗につきまとう後ろ暗い噂

「暴れん坊将軍」は、**八代将軍・徳川吉宗**を主人公にした時代劇だ。吉宗が徳田新之助と偽名を名乗り庶民の暮らしに紛れつつ、江戸の街にはびこる悪を成敗するというストーリーで、二十年以上にわたって放映された人気シリーズだ。

実際の吉宗も、ドラマに負けず劣らず有能な将軍だった。自ら率先して緊縮財政を敷き、新田開発や殖産興業で経済力の強化をはかった。いわゆる**享保《きょうほう》の改革**である。その結果、幕府の財政は健全化し、吉宗は徳川家中興の祖、稀代の名君として称えられることになった。

だが、その吉宗には後ろ暗い噂がつきまとう。

吉宗は、徳川御三家の一つである紀州藩（現・和歌山県）の藩主・徳川光貞《みつさだ》の四男として生まれており、本来なら藩主にすらなれないはずだった。にもかかわらず、さまざまな奇縁が絡み合い、藩主どころか将軍にまでなってしまった。そして、**その過程には多くの人物の不可解な死があった**のである。

◎吉宗にとって都合のよすぎる〝身内の死〟

吉宗の出世劇がはじまったのは宝永二（一七〇五）年のことだった。この年の五月、紀州藩主・徳川光貞の長男・綱教《つなのり》が四十二歳で亡くなった。その三カ月後の八月には光貞が逝去し、さらに一カ月後に三男の頼職《よりもと》までもが急死した。次男は早くに亡くなっていたため、吉宗は紀州藩主の座に就いた。まさに〝棚から牡丹餅〟状態である。

父・光貞は八十歳の高齢で、風邪をこじらせていたことから考えて、病死なのは間違いない。しかし、残る二人の兄の死に関して、吉宗に疑惑の目が向けられた。

この疑惑にはいくつかの根拠がある。たとえば、亡くなった三男の頼職は、自分が重態に陥ったとき、将軍に対して幕府が召し抱える御典医《ごてんい》を急いで派遣するように要請している。

藩にもお抱えの医者がいるにもかかわらず、わざわざ幕府の御典医を頼んだのは、藩の医師を信頼していなかったからだとも考えられる。もしかしたら、薬に毒が混ぜられていることを心配したのかもしれない。

◎次期将軍候補までも毒牙に!?

吉宗に対する疑惑はまだある。次期将軍の最有力候補とされていた尾張藩（現・愛知県）の四代目藩主・徳川吉通の急死にも、吉宗がかかわっていたという説がある。

正徳二（一七一二）年十月、六代将軍・徳川家宣《いえのぶ》が急死したため、その子・家継がわずか五歳にして七代将軍にまつり上げられた。しかし、家継も病弱で無事成長する見込みは薄いと考えられたことから、早くから次期将軍候補の人物が取り沙汰されることになった。

最有力候補と目された先述の徳川吉通は、父・綱誠《つななり》が四十八歳で急死したため、そ

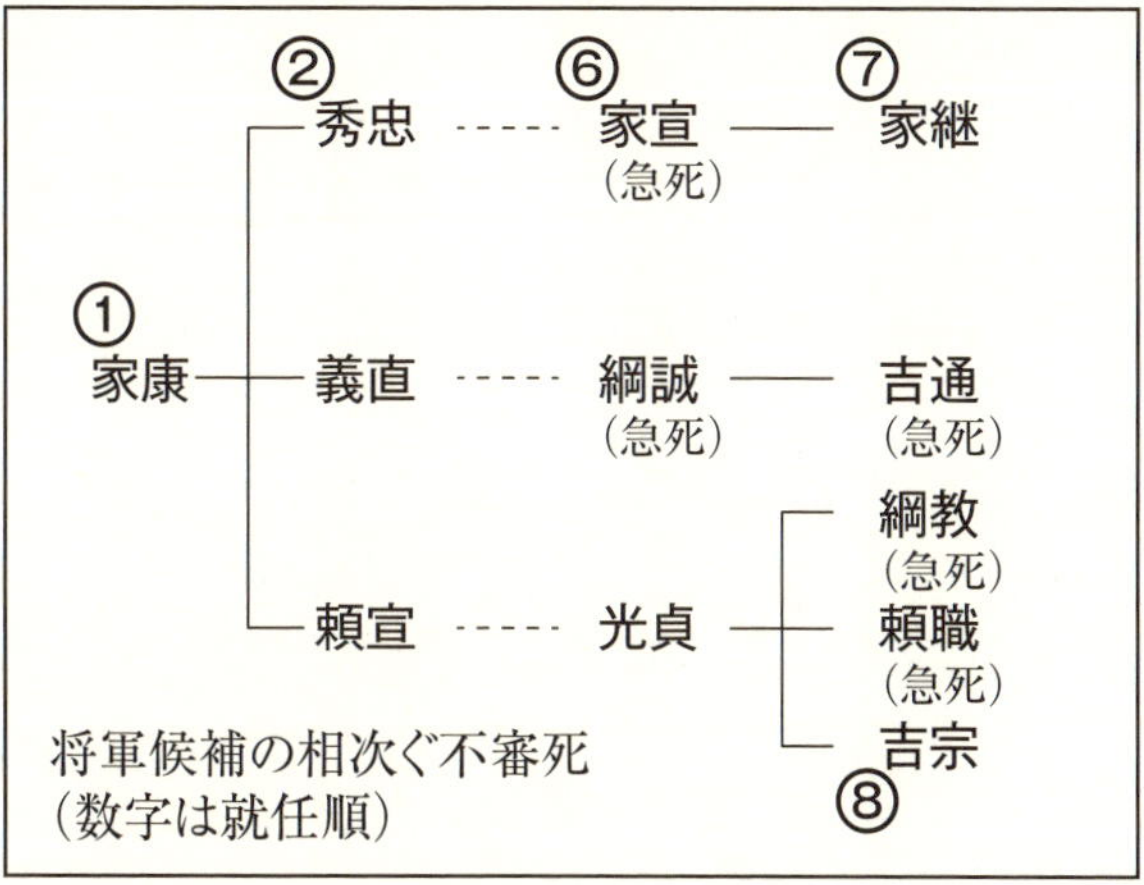

将軍候補の相次ぐ不審死（数字は就任順）

の跡を継いで十一歳で藩主となった。若年のため叔父の松平義行《よしゆき》が藩政を補佐したが、林業の改革に挑むなど評価は高かった。

その吉通が正徳三（一七一三）年七月に突然亡くなってしまう。江戸・市ヶ谷にある尾張藩邸で夕食をすませた後、血を吐いて苦しみだし、その日のうちに悶死したという。享年二十五。**次期将軍候補のあっけない死**であった。

しかし、吉通の死には疑問が多い。食事の直後に死んだことに加え、御典医がそばについていながら、**適切な手当てを施された形跡がない**のだ。このため、吉通は毒殺されたという噂が早くからあっ

カ月で急死している。

たのである。

その後、吉通の三歳の息子・五郎太が藩主となったが、五郎太も就任してわずか三カ月で急死している。

◇並ぶ者のない〝強運の持ち主〟か、それとも――

かくして次代を担う有力者が次々に死んだことにより、もっとも得をしたのが吉宗だ。吉通もその子・五郎太も亡くなり、次期将軍候補として吉通の弟・徳川継友《つぐとも》、水戸藩（現・茨城県）の藩主・徳川綱条《つなえだ》、館林藩（現・群馬県）の藩主・松平清武といった面々が残されたが、そのなかから吉宗が選ばれて将軍職に就くことになったのである。

これが偶然の産物であれば、吉宗は並ぶ者のない強運の持ち主といえるだろう。しかし、兄たちの死、将軍の死、吉通の死を考えると、その陰で吉宗が動いていたのではないかと疑われても仕方がない。

確たる証拠があるわけではないが、徳川幕府を代表する名君は、実はライバルたちを次々と手にかけた本当の「暴れん坊将軍」だったのかもしれない。

吉良邸討ち入り！赤穂浪士は幕府の〝支持率回復〟に利用された⁉

日本人に人気の時代劇の一つに『**忠臣蔵**《ちゆうしんぐら》』がある。

元禄十五（一七〇二）年十二月に起こった「**赤穂**《あこう》**事件**」を題材にした物語で、いまでも、年末になると必ず映画やテレビで放映されている。

そのストーリーは、次のようなものだ。

元禄十四（一七〇一）年三月、播磨国（現・兵庫県）赤穂藩の藩主・**浅野**《あさの》**内匠頭**《たくみのかみ》**長矩**《ながのり》が、江戸城内で**吉良**《きら》**上野介**《こうずけのすけ》に斬りつけて傷を負わせた。吉良が内匠頭に対して嫌がらせをしたことが原因とされる。これに激怒した五代将軍・徳川綱吉は内匠頭に切腹を命じ、浅野家を改易処分（領地などを没収すること）にした。

一方、嫌がらせをした側である吉良上野介には、何のお咎めもなかった。赤穂藩の家老・大石良雄《よしお》（通称内蔵助《くらのすけ》）は、浅野家の再興をはたらきかけたが、かなわない。そこで内蔵助は、浪人となった浅野家の家臣とともに主君の仇討ちを計画。元禄十五（一七〇二）年十二月十四日未明に赤穂藩の浪士四十七人で江戸本所の吉良邸を襲撃し、見事に仇討ちを成功させたのである。

その後、四十七士は名誉の切腹を遂げる。吉良家も上野介の養子・義周《よしまさ》が信濃諏訪藩（現・長野県）へのお預け処分を受けた。

天下太平の時代に起こったこの仇討ち事件は、世間に大きな衝撃を与え、赤穂浪士を主君に忠節を誓う武士の鑑と見なす人も多かった。そのため討ち入りの四年後に近《ちか》松門左衛門《まつもんざえもん》の人形浄瑠璃に取り上げられ、人気の演目となったのである。

◇「討ち入り」は幕府によって黙認されていた⁉

ただ、それほどの人気作品でありながら、赤穂事件には謎が多い。なかでも最大の疑問は、**幕府は本当に討ち入り計画を知らなかったのか**、ということだ。

武士の鑑として称賛された赤穂浪士四十七士
（©Photo RMN/amanaimages）

大石内蔵助率いる赤穂浪士は、討ち入りまでの約一年九カ月、仇討ちを成功させるためにひたすら努力した。

食い扶持もないなか吉良邸に関する情報を集め、仲間を集めて秘密裏に準備を重ねたのである。

だが実は、幕府は彼らの動きをつかんでいたのではないか、という意見もある。

小林久三氏の『謎を読み解く日本史真相推理』によると、幕府は全国的に情報ネットワークを張りめぐらせており、徹底した相互監視制度をもうけていた。

赤穂浪士が秘密裏に行動していたとはい

え、**幕府にまったく情報が漏れなかったとは考えられない**という。

では、赤穂浪士の動きを知っていたとすれば、なぜ幕府は事前に対処しなかったのか。その疑問に対し前掲書は、討ち入りを黙認していたからだろうと推論している。

その根拠の一つは、密告を無視したと思しき点があることだ。

赤穂浪士の側には、仇討ちの盟約を結んだにもかかわらず、途中で脱落した人物がかなりいた。

江戸の高田郡兵衛《ぐんべえ》も脱落者の一人で、彼は幕府関係者である伯父に計画を知られてしまった。高田の伯父が計画を密告し、幕府の間で筒抜けになっていたことは想像に難くない。しかし、その密告によって幕府が動いた記録はまったく見つかっていないのである。

◇なぜ幕府は吉良上野介に〝辺鄙《へんぴ》な場所〟への屋敷替えを命じた?

もう一つ、幕府による吉良上野介の屋敷替えも根拠として挙げることができる。

吉良上野介は、三月に江戸城で内匠頭に斬りつけられたあと、十二月に養子の義周に家督を譲って隠居した。その前の八月には呉服橋の屋敷を引き払い、幕府が代替として用意した江戸本所の屋敷へと移っていた。

吉良は実の息子・綱憲《つなのり》が当主を務める上杉家の芝白金の屋敷か、そのそばに移転したかったようだが、幕府は聞き入れなかった。

現在の本所はJR総武線両国駅のほど近くに位置する賑やかな土地だが、当時は都心から離れていて、上杉家の警護を受けるには不便としかいいようのない場所だった。

隠居したとはいえ、吉良上野介は高家《こうけ》という特殊な役職にいた人物。高家とは、幕府の儀式・典礼関係や伊勢・日光への代参、勅使の接待などをつかさどる役職で、足利氏以来、名家が世襲することになっていた。

そんな役職についている人物に対し、幕府が辺鄙な場所への転居を強いるとは、なんとも不自然な話である。

この〝屋敷替え〟には、吉良を孤立させる意図がはたらいていたのではないだろうか。

これらの根拠から、**幕府は赤穂浪士の討ち入りを黙認していたのではないか**という説が唱えられるに至ったわけだ。

◎吉良は、実は〝世論〟によって殺された!?

それでは、なぜ幕府は赤穂浪士の動きを黙認したのだろう。その背景には、赤穂浪士を支持する世論の高まりがあったと見られている。

吉良上野介はお咎めなしで、浅野内匠頭だけが切腹のうえ、お家断絶。世間はこの処置をあまりに不公平だと受け取り、幕府の一方的な裁断を非難した。「喧嘩両成敗」のはずが、成敗されたのは片方だけではないかというのである。

幕府としても、綱吉の独断による処分を後悔する風潮があり、**赤穂浪士に討ち入りをさせて世間の非難をかわそうと考えた**と指摘されている。

実際、吉良の屋敷の隣に暮らしていた蜂須賀飛驒守《はちすかひだのかみ》が、赤穂浪士が討ち入りした際、自分はどうすればいいのかと老中に聞いたところ、「屋敷のなかのみ堅固に守るよう指示したらよかろう」と告げたという記録もある。

江戸時代、隣家で騒ぎがあった場合には、近所のよしみで加勢するのが常識だったのに、幕府は助けなくてよいと指示したのだ。

赤穂浪士の討ち入りは、幕府による消極的な後押しがあってこそ成功したものだったのかもしれない。

未遂に終わった黄門様の「幕府乗っ取り」計画

徳川光圀《みつくに》といえば、テレビドラマ『**水戸黄門**』でおなじみの名君だ。助さん・格さんとともに全国各地を漫遊し、百姓たちに横暴をはたらく悪代官を懲らしめる。最後に身分を明かす際の「この紋所が目に入らぬか」という決めゼリフはあまりにも有名である。

また、水戸藩の第二代藩主で、『大日本史』を編纂したことでも知られている。テレビドラマ『水戸黄門』のイメージは、『大日本史』の編纂に必要な資料を収集するために家臣を諸国に派遣したことや、隠居後に水戸藩領内を巡視したことなどから確立した姿だといわれる。

そんな光圀の〝裏の顔〟が見え隠れする事件がある。五代将軍・徳川綱吉が就任する際に起こった「**宮将軍擁立事件**」である。

◇武家将軍か、宮将軍か――大老と老中の白熱議論の行方

延宝八（一六八〇）年、四代将軍・徳川家綱が世継ぎを残さずに病死した。享年四十。もともと病弱な体質で早くから継嗣《けいし》問題が浮上していたが、あまりに突然の死であったため、後継者選びに俄然注目が集まった。

そうしたなかで浮上したのが、**宮将軍（皇族の将軍）を後継にしようという動き**である。

当時の幕府の政治体制は極めて安定しており、武士の将軍がいなくても武家政治はそうそう揺るがないような状況になっていた。そのため、徳川家のなかで「そろそろ政権を朝廷に返すべきだ」との声が広がった。

幕府が京都から宮将軍を迎え、やがて幕府を朝廷の一機関とすれば、天皇家に対する忠義が果たせるとの意見が持ち上がっていたのである。

この宮将軍擁立問題における急先鋒とされたのが大老・酒井忠清《ただきよ》だった。酒井は家

綱が亡くなる直前、京都から有栖川宮幸仁《ありすがわのみやゆきひと》親王を迎えて宮将軍とすることを主張した。しかし、これに老中・堀田《ほった》正俊《まさとし》が強硬に反対。堀田は、将軍職はやはり武家のものであり、家綱の弟の綱吉を将軍にすべきだとして、宮将軍を立てることを認めようとしなかったのである。

武家将軍か、それとも宮将軍か——。議論は白熱したが、この意見対立に終止符を打ったのが徳川光圀だといわれる。光圀は酒井忠清を糾弾して堀田正俊を支持し、綱吉就任を決定づけたと伝えられる。

そのことは光圀に関する逸話などを集大成した『桃源遺事《とうげんいじ》』に記されている。また、一七〇〇年代初頭の幕臣の編述とされる『武野燭談《ぶやしょくだん》』にも、光圀が綱吉就任に積極的に関与したように受け取れる記述が見られる。

ところが、ここに一つの謎がある。徳川家の正史『徳川実紀《じつき》』には、綱吉就任を後押ししたという**光圀の功績が何も書かれていない**のだ。将軍就任に関する重要事が正史に記されないのは異例なこと。一体、どうしたことだろうか。

実は、この謎の裏には、光圀の後ろめたい過去が隠されているといわれている。はじめ、光圀は武家将軍ではなく、宮将軍擁立を強く支持していた。いや、むしろ**酒井を操っていたのは光圀**であり、光圀は酒井の権力を隠れ蓑にして、宮将軍擁立に動いていたというのである。

にわかには信じられない話だが、よく調べてみると、否定できない状況が浮かび上がる。

◇実は水戸黄門は〝宮将軍擁立論〟の急先鋒だった!?

宮将軍擁立論は、もともとは家康の九男である徳川義直《よしなお》が唱えたものだといわれる。尾張徳川家を開いた義直は晩年、尊王思想に傾倒し、すべての政治は天皇の命令によるべきだと考えるようになった。この考えが、義直の甥で彼と極めて親しい関係にあった徳川光圀に受け継がれたようだ。

光圀が編纂した『大日本史』が天皇中心の歴史を記したものであるのはそのせいだし、南北朝の争乱で北朝（実質的なトップは武家の足利氏）でなく南朝（後醍醐天皇ら）についた楠木正成《くすのきまさしげ》の墓碑を建てたのも、そうした考えが影響していたといわれる。

実際、光圀は朝廷と非常に近い関係にあった。大老の酒井が宮将軍に据えようとした有栖川宮幸仁親王の父・後西院《こさい》の従姉妹は、光圀の妻だった。つまり、光圀と幸仁親王は縁戚関係にあったのだ。

後継者問題が持ち上がるまでは、光圀と朝廷の関係は薄かった。だが、後継者問題と相前後して、有栖川宮幸仁親王の父・後西院に光圀が自撰の和文集『扶桑拾葉集』を献呈したことがきっかけとなり、光圀と朝廷は急接近したとされる。


かくして宮将軍擁立に傾いた光圀。とはいえ、光圀は御三家の一人で将軍の後継問題に大きな発言権をもつだけに、自ら積極的に動くことはできなかった。各方面への影響力があまりにも大きすぎ、うかつなことはいえなかったのだ。

そこで酒井忠清を通して自身の宿願を果たそうとしたと考えられている。これは、幕府の体制を覆して天皇親政を実現するものであり、いわば「**幕府乗っ取り計画**」ともいえる。

だが結局、酒井の主張は堀田正俊の反対で受け入れられず、形勢不利となってしまう。わざわざ朝廷から将軍を迎えるよりも、これまで通りに徳川家の人間が将軍になるほうが、幕府の人間にとって正論に思えたのだ。そこで**光圀は、冷静に情勢を見て、一転して綱吉擁立にまわった**のだという。

『徳川実紀』には何も記されなかったのは、こうした事実を消し去るためだった可能性がある。

テレビでおなじみの黄門様には、隠された裏の顔があったのかもしれない。

戦乱より怖い!? 〝大奥の権力争い〟に端を発した絵島生島事件

江戸城の中心・本丸には銅の塀で仕切られた一角があった。徳川将軍のためにもうけられた**大奥**である。大奥には将軍家の血統を絶やさぬために千人もの女性が生活しており、将軍の寵愛と権勢をめぐる愛憎絵巻が展開されていた。

そんな大奥を舞台に起こった前代未聞の一大スキャンダルが「**絵島生島事件**《えじまいくしま》」である。

正徳四（一七一四）年、七代将軍・徳川家継《いえつぐ》の幼少時代、大奥で実質的な采配を振るう地位にあったのが**絵島**という女性であった。彼女が歌舞伎役者の**生島新五郎**《いくしましんごろう》と遊興に及んだことがきっかけとなって、絵島以下、関係者が処分を受けることになる。

これが「絵島生島事件」のあらましだ。

事の発端は、絵島が家継の生母・月光院《げっこういん》の名代として墓参りに行ったことにある。

その帰途、絵島は木挽町《こびきちょう》の山村座という芝居小屋に足を運んだ。

懇意にしている呉服商の後藤縫殿助《ごとうぬいのすけ》に頼んで手配をしてもらい、美貌で人気の役者・生島新五郎の芝居を見物。芝居の幕間には生島を桟敷《さじき》に招いて盛り上がり、その後は茶屋で宴会に興じた。

しかし、少し羽目を外しすぎてしまい、絵島は門限（午後四時）に遅れてしまう。何とか大奥の居室には戻れたが、やがて芝居見物と酒宴が江戸城中に知れ渡り、絵島はもちろん、山村座も取調べを受けること

となった。

その結果、絵島は門限に遅れたこと、芝居見物で羽目を外したこと、生島と密通したことなどを罪に問われることとなる。最終的には信州・高遠へのお預けに処され、以後、二十七年にわたって幽閉され続けた。さらに**関係者およそ千五百人が何らかの罪に問われた**のである。

◇事件は幕府流の「事業仕分け」だった⁉

かくして絵島生島事件は決着したが、この事件には大きな謎が残されている。絵島が問われた罪状に比して、刑があまりにも重いことである。

そこから、事件の裏には何かあるのではないかといわれてきた。たとえば、「**幕府の陰謀の標的にされたのではないか**」というものだ。

当時、大奥の女性は非常に恵まれた生活を送っていた。彼女たちのまわりには贅沢品が溢れ、それらが幕政を大きく圧迫していた。

そこで幕閣は、絵島の不始末を口実にして、大奥にかかる経費を削減しようと目論んだというのである。実際、この事件以降、大奥の女中の数は減っており、生活もやや質素になった。

◎「女同士の戦い」はこんなに怖い！

別の説では、絵島が派閥争いに巻き込まれた可能性を指摘している。

当時、大奥では七代将軍・家継の生母である月光院の派閥と、六代将軍・徳川家宣の正室である天英院《てんえいいん》の派閥が権力争いを繰り広げていた。

この争いに新興勢力として台頭してきた側用人《そばようにん》・間部詮房《まなべあきふさ》と、徳川家に古くから仕える譜代の重臣たちの争いが加わり、「月光院派・間部詮房vs天英院派・譜代の重臣たち」という対立の構図が出来上がった。

幕閣では間部詮房が牛耳っていたが、譜代の重臣たちも天英院派と組んで反撃の機会を狙っていた。そんなときに月光院の腹心である絵島の門限破りと芝居見物というトラブルが起こった。

天英院派と譜代の重臣たちはこれをまたとない好機ととらえ、**絵島を標的にして一**

気に月光院派の勢力失墜を狙ったというのである。

この事件をきっかけに、大奥の実権は天英院派が掌握したことを考えると、派閥争いに巻き込まれたという説の信憑性は高そうだ。

なお、絵島生島事件の二年後、病弱だった家継が亡くなり、天英院が推挙していた紀伊藩主の徳川吉宗が八代将軍を継いだ。この吉宗が優れた政治を行ない、幕府を中興した。

つまり、大奥のたった一人の女性のちょっとしたスキャンダルが、幕府の歴史を大きく変えたことになるのである。

謙信が「敵に塩を送った」のは信玄を救うためではなかった!?

武田信玄と**上杉謙信**。二人は戦国史上最大のライバルといわれる。

信玄は武勇に優れているだけでなく、和歌や絵画にも優れた才をもつ風流人だった。さらに「人は城、人は石垣、人は堀……」と家臣を重んじたことが、山本勘助《かんすけ》や真田《さなだ》幸隆《ゆきたか》などの優秀な人材を惹きつけ、戦国最強と喧伝される武士団を形成した。

かたや謙信は「越後の虎」「越後の龍」などと呼ばれるカリスマ性の高い武将。毘沙門天の「毘」の旗幟《きし》をはためかせながら激戦を繰り返し、その戦績はなんと生涯無敗を誇った。

信玄は信濃（現・長野県）の制圧をはかり、甲斐（現・山梨県）から北進。謙信は越後（現・新潟県）を守るため信玄を迎え撃つ。かくして両者が激突したのが**川中島**

の合戦で、天文二十二（一五五三）年から十一年間にわたって五回も繰り返された。結局、決着はつかず、両者とも天下を制することはできなかったが、この戦いは戦国史上最大の死闘として後世に語り継がれることになった。

◎謙信の武士道――「勝敗は一戦によって決すべし」

このように、二人は凄まじいライバル関係にあったわけだが、互いに実力を認め合っており、友情めいたものすらあったとの推測もされている。それを示すのが、**謙信が信玄のもとに塩を送ったというエピソード**である。

永禄十一（一五六八）年、駿河（現・静岡県）の今川氏真《うじざね》と相模（現・神奈川県）の北条氏康《うじやす》は、信玄の領国である甲斐、信濃へ塩を運ぶことを禁止する**「塩止め」**を実施した。これは、信玄が氏真の妹婿・武田義信に謀反の嫌疑をかけ、自害に追い込んだことへの報復措置だった。

当然、人間は塩なしでは生きていけないから、自国に海のない武田氏の領民にとって塩止めは大変な痛手となる。

このとき、信玄の危機を伝え聞いた謙信は、**「塩を絶つのは卑劣な振る舞い。勝敗は一戦によって決すべし」**と大いに怒り、最大のライバルである信玄に塩を提供。これにより、武田氏の領民は窮状から救われたという。

◇〝美談〟の裏に隠された謙信の思惑とは？

このエピソードは今日でも「敵に塩を送る」という美談として広く知られている。だが実は、これが史実だったかどうかは謎なのだ。

今川氏と北条氏が塩止めを行なったことは、確かに史料に残っている。しかし、信憑性の高い史料のなかに謙信が「義塩」を送ったという記録は何もない。**謙信の「義塩」の美談はフィクションの可能性が高い**のである。

ではなぜ、こうした美談が生まれたのか。有力視されているのは、謙信が塩止めに協力しなかったことが、敵に塩を送ったと拡大解釈されたという説である。

塩止めが行なわれた当時、謙信は北条氏康と交戦中だった。その氏康の戦略に謙信がわざわざ協力するいわれはなかったのだ。

また、越後の西浜では製塩が盛んに行なわれ、越後から信濃へ通じる糸魚川街道は、塩や海産物の流通ルートとして「塩の道」と呼ばれていた。塩止めに加担して、このルートを封鎖すれば自国の製塩業が大打撃を受けるのは間違いない。そこで謙信は、製塩商人が従来通り自国と武田氏の領内を往来することを止めなかった。

武田氏の領民は、越後から塩の輸送が続けられたことに感謝した。こうした**話に尾ひれがつき、敵に塩を送るという美談がつくられた**のではないかというわけだ。

はたして、謙信が信玄に塩を送ったという美談は伝説にすぎないのだろうか。二人の友情が生んだ義塩ではなかったのか。「敵に塩を送る」の美談は戦国のロマンをかきたてるが、真偽のほどはいまだ不明である。

徳川家十三代「ボンクラ将軍」家定が巻き込まれたドス黒い権力闘争！

江戸幕府の歴代将軍十五人のなかで、最悪の「ボンクラ将軍」といわれる人物は誰か？　後世にそのような悪評を残す哀れな将軍こそ、**十三代将軍・徳川家定《いえさだ》**である。

先代の十二代将軍・家慶《いえよし》には二十数名もの子がいたが、無事に成長したのは家定一人だけであった。そのため家定は、齢三十で労せずして将軍の座に就くことになる。

だが、家定には問題があった。生まれつき虚弱体質のうえに、奇行が目立ったのだ。たとえば、もういい大人なのに鳥を追いかけまわしたり、家臣に小銃を突きつけ驚く様子を見てはしゃぐなど、「まるで児童のごとし」といわれるほどだった。

また、厨房でサツマイモやカボチャを煮たり、饅頭《まんじゅう》やカステラをつくるなど料理が好きで、武士の頂点に立つ者としてはあまりに情けなかった。

さらに、癇癪《かんしゃく》持ちで正座もできなかったため、「癇癖《かんぺき》将軍」と揶揄されていたとも伝わっている。

どうにも情けない将軍だが、家定は将軍就任後、わずか五年であっけなくこの世を去ってしまう。享年三十五。死因は脚気《かっけ》とされている。

その短い生涯で三人の妻を娶《めと》ったが、そのうちの二人は若くして病死しており、三人目の妻として薩摩藩島津家から迎えた**篤姫**《あつひめ》との間には子ができなかった。そのため家定の在世中より、次の将軍の継嗣問題が持ち上がっていたのである。

◇血筋か才能か――幕府が迫られた将軍後継の〝究極の二択〟

候補者は二人いた。

一人は水戸藩主・徳川斉昭《なりあき》の子で、御三卿の一橋家に養子として入っていた**一橋慶喜**《よしのぶ》だ。慶喜は少年の頃から才覚が高く評価されており、十二代・家慶が養子に迎えて後継者にしようと考えていたほど英邁な人物だった。家慶には家定という実子がいたから養子の話は実現しなかったが、家定に健康問題があることがわかり、子ができなかったこともあって、再び慶喜が将軍候補に浮上してきた。

もう一人の候補者は、紀伊藩（現・和歌山県）の藩主・**徳川慶福**《よしとみ》だ。四歳のときに藩主となったが、家定にもっとも近い血筋の人物ということで、継承候補者に躍り出た。この二人の有力候補者をめぐって、幕府内に派閥が形成されることになる。

慶喜を支持したのは、福井藩主・松平春嶽《しゅんがく》、薩摩藩主・島津斉彬《なりあきら》、土佐藩（現・高知県）の藩主・山内容堂《ようどう》、慶喜の父・徳川斉昭らで、彼らは「**一橋派**」と呼ばれた。

一方、慶福を支持したのは彦根藩（現・滋賀県）の藩主・井伊直弼《いいなおすけ》ら譜代大名や大奥で、「**南紀派**」と呼ばれた。

◇一橋派vs南紀派――井伊直弼の強権発動！

一橋派と南紀派は、熾烈な争いを繰り広げる。平時であれば血統が重視され、慶福がすんなり後継者に選ばれていた可能性が高い。しかし当時は、平時ではなかった。

アメリカ提督・ペリーをはじめとして、欧米列強が次々と日本へ押し寄せ、開国を迫る非常時だったのである。

結局、この問題は、大老に就任した井伊直弼が強権を発動したことで南紀派が優勢になる。そしてなんと井伊を大老に任命したのは、それまでまったく将軍らしい振る舞いをしていなかった家定だった。家定は死の間際ではじめてリーダーシップを発揮したのである。

ただし、家定は南紀派にはたらきかけられた大奥から「一橋派があなたを将軍から引きずり下ろそうとしていますよ」と吹き込まれていたといわれる。これを聞いた家定は一橋派を警戒、南紀派支持にまわったのだ。

これが事実であれば、**家定は南紀派の傀儡《かいらい》にすぎなかった**ことになる。

◇家定の死因は〝脚気〟ではなく〝毒殺〟!?

家定が亡くなったのは、井伊が慶福（のちに家茂《いえもち》と改名）を将軍後継に定めてからまもなくのことだった。死因は先述した通り脚気とされたが、このとき大きな謎が生まれた。家定の死が公になったのは、死後一カ月あまり経ってからのことだったのだ。

天璋院篤姫——実は井伊直弼がもっとも警戒した人物？
（尚古集成館蔵）

そのため、「**家定は暗殺されたのではないか**」との説が囁かれるようになったのである。

当初、犯人と目されたのは後継者争いに敗れた一橋慶喜の父・斉昭だった。気性の激しい斉昭が一橋派敗退の原因をつくった家定を恨み、岡櫟仙院《おかれきせんいん》と称する奥医師と共謀して家定を毒殺したというのである。

また、井伊直弼が黒幕ではないかという説も唱えられた。慶福を後継者として擁立したのはよかったが、井伊にはまだ不安があった。家定の正室・**篤姫**の存在だ。

篤姫は一橋派の島津斉彬の養女。薩摩藩から徳川家に嫁ぎ、家定没後は天璋院《てんしょういん》と号して、大奥の責任者を務めるなどした。

井伊は家定に強い意志がないことをよく知っていた。家定が篤姫に口説かれて一橋派に傾くようなことでもあれば、井伊の権勢が一気に崩れ去る怖れもある。その怖れを取り除くために家定に手をかけ、慶福の次期将軍の座を確固たるものにしようとしたのではないか、というのである。

傀儡として操られ、ついには毒殺までされたといわれる家定。「最も才がなかった将軍」は「最も悲運な将軍」であったのかもしれない。

3章

誰もが知っている有名人物たちの「死の謎」に迫る！

教科書には書けない！坂本龍馬暗殺のオドロキの真犯人

アメリカ艦隊のペリーが浦賀に来航してから、幕府が倒壊し、近代的統一国家が創設されるまでわずか十数年。その間に、日本には幾多の英雄が出現した。なかでも特に人気が高いのが**坂本龍馬**である。

龍馬は、それまで犬猿の仲だった薩摩と長州の手を組ませ、その力を利用して慶応三（一八六七）年、十五代将軍・徳川慶喜《よしのぶ》に大政奉還の建白書を提出させた。これにより、幕府は朝廷に政権を奉還、二百六十五年続いた徳川幕府は瓦解した。

また、海運業を中心とする日本最初の株式会社・亀山社中を設立したり、土佐藩の助力を得て討幕運動への参加を企図した海援隊を組織するなど、龍馬は縦横無尽の活躍を見せた。

時代を見通す目の確かさが、龍馬の最大の特徴だ。

京都で新撰組と浪士が斬り合っていた頃に「もう長刀など役に立たぬ」といい、しばらくすると「これからはこれだ」といってピストルを手にし、またしばらくすると「刀もピストルもいらぬ。これからはこれだ」といって国際公法の書をとり出したというエピソードも残っている。

◎刺客〝十津川郷士〟の正体は？

そんな龍馬の死は思わぬ形でやってきた。

大政奉還からわずか一カ月後の慶応三（一八六七）年十一月十五日、**龍馬は何者かによって暗殺されてしまった**のだ。

その日、龍馬は下宿先である京都河原町の醤油商近江屋にいた。そこに「十津川郷士《とつがわごうし》」と名乗る数人の刺客がやってきて、暗殺を決行したのである。脳漿《のうしょう》が吹き出すほどの刀傷を受けた龍馬は、ほぼ即死した。享年三十三。

最期の言葉は、「俺は脳をやられた。もういかん」というつぶやきだったと伝わる。

龍馬は、幕府だけでなく方々から命を狙われていたことから、十津川郷士の正体についてさまざまな噂が流れた。

当初は、京都の治安維持に当たっていた幕府側の新撰組が疑われたが確証はなく、のちに幕府の治安維持組織・京都見廻組《みまわりぐみ》が有力視されるようになった。明治二（一八六九）年の箱館戦争で新政府軍に捕らえられた今井信郎《のぶお》という組員が、幕府の命令を受けて龍馬を暗殺したと自白したからである。

幕府は、かねてから危険思想の持ち主として龍馬を目の敵にしていた。そのため、世間ではこの説が最も有力なものとして受け入れられた。

◎まさか、あの西郷隆盛が龍馬暗殺の〝黒幕〟だった⁉

だが、一方では、真の黒幕は別にいるともいわれている。その黒幕とは、なんと薩摩藩の**西郷隆盛**だというのだ。

西郷も龍馬と同じ討幕派だった。薩長同盟を結ぶ際、長州との間を取り持ってもらった恩もある。いわば同志ともいえる龍馬を、なぜ西郷は手にかけたというのか。

西郷黒幕説の根拠として挙げられているのは、実行犯である今井信郎の処遇である。今井は自白したあと、「静岡藩預かりの禁錮」という刑に処されたが、これは静岡藩がその身を預かるという軽い刑で、暗殺犯に対する処罰としては軽すぎる。しかも今井は、捕らえられた三年後の明治五（一八七二）年には、特赦によって釈放されている。

このように今井が軽い刑罰ですんだのは、**西郷が裏で糸を引いていたから**だといわれている。西郷が今井の罪の軽減と赦免のため、政府関係者に強くはたらきかけたというのだ。西郷が今井の助命のために動いていたという今井の子孫の証言もある。

また、今井とともに暗殺を決行した見廻組の組頭・佐々木只三郎《ただざぶろう》は、薩摩藩士と盛んに交流していたという。京都見廻組が、西郷からの指示を受けやすい環境にあったのは間違いない。

このような背景を考慮すると、龍馬暗殺の黒幕が西郷隆盛だったのではないかという仮説も成り立つ。西郷は暗殺を指示した黒幕だったがゆえに、実行犯の今井の刑を極力軽くするよう尽力したと考えれば、つじつまが合うのである。

◇同じ〝討幕派〟でも考えはここまで違っていた！

では、西郷が龍馬暗殺の黒幕だとすると、その動機は何だったのか。

先述の通り、西郷も龍馬も同じ討幕派ということに違いはなかった。

ただ、西郷が武力でもって幕府を徹底的

に倒そうとしていたのに対し、龍馬は平和的に改革を推し進めようとする穏健派だった。

その思想の違いから、亀裂が次第に大きくなっていったのではないかと考えられている。

あるいは、西郷は薩摩藩が討幕運動の主導権を握るべきだと考えており、急速に台頭してきた土佐藩を没落させたかった。

そこで影響力の大きい龍馬を消した、という見方もある。

西郷黒幕説に決定的な証拠はないが、状況証拠は揃っている。薩長同盟を実現し、明治維新を支えた英雄・西郷隆盛と坂本龍馬。二人の関係は、一般的に考えられているほど穏やかなものではなかったのかもしれない。

武家の棟梁が落馬!? 源頼朝の不可解すぎる死

源平合戦で平氏を倒し、鎌倉幕府を開いた**源頼朝**。鎌倉時代のはじまりは、かつては「イイクニ（一一九二）つくろう」という語呂合わせで暗記したものだが、近年は頼朝が征夷大将軍に任命された建久三（一一九二）年ではなく、頼朝による全国統治が成立した文治元（一一八五）年とする説が主流になっている。

それはさておき、頼朝は鎌倉幕府を開いたことで貴族社会から武家社会への転換を成し遂げた、極めて重要な歴史人物といえる。ところが、その最期は実に謎めいているのである。

鎌倉幕府の公式記録である『吾妻鏡《あづまかがみ》』には、「建久九（一一九八）年、相模川の橋の落成供養が行なわれた際、故将軍家（頼朝のこと）も出席されたが、その帰路に落馬され、それからまもなく死去された」とある。この記述から、一般には頼朝は落馬が原因で亡くなったと考えられている。

武家の棟梁が落馬するなど、およそイメージにそぐわない気もするが、頼朝はそれほど乗馬が得意だったわけではなかったようだ。また、体調が悪かったとか、ちょっとした不注意で落馬したとしても不思議ではない。

しかし、先の『吾妻鏡』の記述を読む限り、落馬したことと頼朝が亡くなったことに、必ずしも因果関係があるとはいい切れない部分がある。

『吾妻鏡』は、頼朝が「落馬した」という事実と、その後「頼朝が亡くなった」という事実を羅列しているにすぎない。落馬が原因ならば、「落馬のケガがもとで亡くなった」と記述するのが自然ではないだろうか。

それだけではない。落馬したのは建久九（一一九八）年十二月二十七日、亡くなったのは建久十（一一九九）年一月十三日と記録されており、**頼朝は落馬してから二週間は生きていた**ことになる。とすると、頼朝の死因は落馬ではなかった可能性も考えられるのではないだろうか。

◇頼朝の死の陰で暗躍していた〝意外な人物〟

そうしたことから囁かれるようになったのが「**頼朝暗殺説**」である。犯人については諸説あるが、なかでも「朝廷説」はほかの史料と比べても信憑性が高いとされる。

当時、朝廷では土御門通親《つちみかどみちちか》が権勢を握っており、反幕派公卿グループのリーダー的存在だった。その**土御門通親が頼朝暗殺の黒幕**だとする意見があるのだ。

鎌倉時代の歌人・藤原定家の『明月記』によると、京都に頼朝の死の知らせが届いたとき、通親はまったく驚かなかったという。幕府のトップが死ぬというのは、朝廷にとっても一大事。にもかかわらず、通親は冷静に受け止めたのだ。さらに『明月記』は、「通親はただちに反幕派の公家を要職に就けた」とも書いている。

これらの内容から、通親は頼朝の死を前もって予測していたとも読み取れる。実際、彼は後鳥羽《ごとば》上皇の命令で幕府・頼朝対策を進めており、朝廷内から親幕派を排除すべく動いていた。したがって、通親が落馬事故のあとで、**何者かに毒を盛らせて頼朝を殺した**のではないかという推測も成り立つ。

では、通親の意を受けて頼朝に毒を盛った実行犯は、いったい誰なのだろうか。

実行犯は、反幕派でありながらも、頼朝の信頼を得ていた人物でなければならない。そうでなければ、頼朝に近づいて毒を盛ることなどできないからだ。

最有力の実行犯とされるのは、鎌倉幕府政所《まんどころ》別当《べっとう》の大江広元《おおえのひろもと》である。

頼朝が亡くなったとき、広元は幕府の要職に就いていた。だが、もとは京都から派遣された公家であり、その昔、通親の後押しによって朝廷で重用された過去があった。広元が自分の出世を後押ししてくれた通親と通じていた可能性は十分にある。

また広元以外にも、頼朝の側近には朝廷とつながっている者が大勢いたといわれている。頼朝は、実は敵に囲まれながら政務を執っていたのである。

暗殺説の決定的な証拠は、いまだ見つかっていない。名将軍を突如として襲った、不自然な死。闇に葬られたその真相が明るみに出ることは、はたしてあるのだろうか。

安重根が犯人ではなかった⁉ 伊藤博文のからだに残った〝謎の銃弾〟

日本の初代総理大臣はいうまでもなく、**伊藤博文**である。内閣制度の創設や大日本帝国憲法の制定に尽力し、初代以後、計四回も首相を務めた。「明治最大の政治家」といってもいいだろう。

伊藤が韓国統監を務めていたときに暗殺されたことは有名だが、その暗殺事件をめぐっては、さまざまな謎が残されている。

伊藤博文暗殺事件が起こったのは、明治四十二（一九〇九）年のことだった。

日本は日露戦争以来、韓国の外交・内政権を段階的に奪って保護国化を進めていた。アメリカやイギリスにも韓国支配を認めさせ、明治三十八（一九〇五）年には、その拠点となる統監府を設置。初代統監に伊藤博文を任命し、韓国支配をより強固なものにしようとしていた。

これに対し、韓国の人々は義兵闘争を行ない、抗日独立闘争を展開した。その指導者である**安重根**《あんじゅうこん》は伊藤暗殺を計画。明治四十二（一九〇九）年十月二十六日午前九時、清国領ロシア租借地ハルビンで伊藤を狙撃したのである。

伊藤はすぐに列車に運び込まれ、医者が呼ばれたが、その傷は致命傷で、約三十分後に息を引き取った。

安はその場で取り押さえられた。そしてのちの供述において、伊藤が韓国の主権を奪ったこと、韓国皇帝を廃したこと、義兵として立ち上がった良民を多数殺害したことなどを指摘。それらに抗議するために犯行に及んだと語ったのだ。

実際は、伊藤は早急な併合に反対しており、韓国を保護し育てて、いずれは独立させるというビジョンを描いていたといわれる。そのため、対応が生ぬるいと指摘されて、すでに統監を辞していた。しかし、韓国の人々にとって、ついこの間まで統監の地位にあった伊藤は、祖国を苦しめる日本の象徴のように映っていたのである。

◇“銃痕”が語る事件の真相とは？

当時の事件への公式見解は「伊藤を撃ったのは安重根である」というものだった。ところが、これには反論が出された。確かに安は狙撃犯だが、彼の単独犯でなく、**真犯人が別にいる**のではないかというのである。

実際、この事件には不可解な点が多数ある。たとえば、伊藤のからだに撃ち込まれた銃弾の跡だ。

『明治暗殺史』（森川哲郎著）によると、銃弾は伊藤の右の肺の上から体内へ向けて下方へ五センチほど通過し、第七肋骨（あばら骨）あたりでとどまった。第二弾は右肘の関節から内側に向けて第九肋骨に入っており、第三弾はへその上のあたりから撃ち込まれ、左腹筋にとどまっていた。

これらの銃痕は、いずれの弾も斜め上から発射されたことを示している。ところが、伊藤に随行していた貴族院議員・室田《むろた》義文《よしあや》の証言によると、安と思しき犯人は小柄な体格を利用して、低い位置から伊藤を狙っていたという。その場合、発した弾丸は下方から上方へと弾道を描くはず。**伊藤のからだに残った銃痕とつじつまが合わないのだ。**

◇大国ロシアが裏で糸を引いていた!?

もう一つ、凶器に関する謎も残されている。

安が使用していたのは、七連発のブローニング銃だった。ところが、室田の証言によると、伊藤の命を奪ったのはブローニング銃の弾丸ではなく、フランスの騎馬銃の弾丸だったというのである。

安と一緒にいた仲間の三人の弾丸とも考えられたが、所持していた銃の種類から可能性が低いことがわかっている。

こうした事実を踏まえ、室田は真犯人の存在を声高に訴えようとした。ところが、上層部の人間に「外交問題に支障が出る」といいくるめられ、思いとどまらざるをえなかったという。

ここでの「外交問題」とは、ロシアとの関係悪化をさしている。つまり、当初からロシアが関与している可能性が考えられていたのである。

そもそも事件は日露戦争からわずか四年後に起こっており、敗戦国であるロシアの対日感情は決してよくはなかった。伊藤がハルビンまで出向いたのも、韓国問題でロシアを刺激しないように話し合うためだった。そうしたなかで暗殺事件が起こったとなれば、**ロシア人が何らかの形で関与していた**と考えるのが自然である。

実際、伊藤を事件現場のプラットフォームに連れ出したのはロシアの大蔵大臣・ココフツォフであり、このときココフツォフはかすり傷一つ負わなかった。しかも、その後の裁判でロシアは「日韓の問題に関与しない」として裁判権を放棄しているのである。

伊藤博文暗殺事件の真相は、闇に葬られてしまった。しかしそこには、強国ロシアと、当時の複雑すぎる国際情勢をも巻き込んだ、恐るべき陰謀が見え隠れしているのだ。

〝学問の神様〟菅原道真が抱いた「許されぬ野心」とは？

菅原道真といえば、「**学問の神様**」と覚えている人が多いだろう。現在は北九州・太宰府天満宮の祭神で、受験シーズンになると彼を頼りに多くの受験生が訪れる。

道真はとにかく頭脳明晰だった。貞観四（八六二）年、式部省が実施する文章生《もんじょうしょう》試験に史上最年少の十八歳で合格、方略試という最高難度の国家試験にも二十六歳で合格した。

これ以後、官僚となって要職を歴任し、元慶元（八七七）年には文章博士《もんじょうはかせ》（現在の東大総長と文科大臣を兼ねるような役職）に就いた。

さらに、その才能を宇多《うだ》天皇に評価され、政界にも進出。ついには右大臣という要職にのぼりつめた。こうした経緯があるため、道真は「学問の神様」としていまも崇《あが》められているのだ。

その一方で、道真には**怨霊伝説**も残されている。蛇に化身して病人を苦しめたり、疫病と天変地異を起こしたり、都の内裏《だいり》・清涼殿に雷を落としたり……。

もちろん、これは伝説にすぎないが、当時の人々は道真の怨霊の仕業に違いないと信じ、恐れた。

では、なぜ絵に描いたようなエリートである道真に関して、そのような噂が流布してしまったのだろうか。

◇朝廷での権力争いに巻き込まれる

その原因は、当時の朝廷を牛耳っていた藤原氏、特に左大臣の藤原時平《ときひら》にある。

時平はとんとん拍子で出世街道を進んでいく道真のことを快く思わず、あからさまに敵視した。そして醍醐天皇に「道真が謀反を企て、斉世《ときよ》親王《しんのう》を天皇に即位させようとしている」と密告した。

これに醍醐天皇は激怒。道真の後ろ盾だった宇多上皇は世情に疎かったため、状況を把握したときには時すでに遅く、道真は大宰府へ左遷されてしまったのである。

その後、道真は粗末な家屋に住まわされ、さまざまな病に苦しみ、二年後の延喜三（九〇三）年に無念の思いを抱きながら亡くなった。**その怨念によって道真は怨霊と化してしまった**と伝えられている。

◇「政略結婚」で〝天皇の外戚〟になることを画策

こうして見ると、道真は政界での権力争いに巻き込まれ、藤原氏の陰謀にはめられた悲劇の学者のように思われる。しかしながら、彼の言動の記録からは、また違った見方もできる。意外にも、道真はしたたかで野心的な一面をもっていたようなのだ。

その証拠に、**道真は政略結婚を行なっている。**

道真は宇多天皇から政治的なことをすべて任されるほど信頼を得ると、その立場を十二分に利用し、自分の娘を宇多天皇の第三皇子・斉世親王に嫁がせた。つまり、斉世親王が天皇に即位すれば、道真は天皇の外戚になることができたのである（結局は第一皇子の敦仁《あつぎみ》親王が即位し、醍醐天皇となる）。

こうした状況だから、醍醐天皇が道真の謀反を疑うのも無理がなかった。道真の左遷はある意味、〝身から出た錆〟といえるのかもしれない。

◇やはり道真は〝野心家〟だった？

道真の野心を示す根拠は、政略結婚だけにとどまらない。

『扶《ふ》桑略記《そうりやつき》』が引用している「寛平御記《かんぴょうぎょき》」には、道真の様子を見に大宰府へ出かけた藤原清貫《きよつら》の言葉として、

「（醍醐天皇を廃位させて斉世親王を天皇にしようと）自ら企てたことではないが、誘いを断れなかった」

と、道真が悔やんでいたと記している。これが本当であれば、醍醐天皇が疑った通り、道真は斉世親王の擁立のために動いていたことになる。

もっとも、この史料だけで道真謀反の断定はできないし、道真が斉世親王を推したのは、天皇の外戚になりたかったからではなく、純粋にそれが国のためと思い、学者らしく信念を貫こうとしたためともとれる。

はたして、道真の実像は怨霊になるほどの野心家なのか、それとも生真面目な学者なのか。謎は深まるばかりである。

犬養首相暗殺――五・一五事件の計画を知らなかったのは本人だけ!?

「話せばわかる」

こう言って、自分を殺しにきた海軍の青年将校たちと対話を試みたものの、「**問答無用**」と銃撃されてしまった首相がいた。日本の立憲政治の黎明期を支えた政治家・**犬養毅**である。

犬養は岡山生まれの政党政治家で、新聞記者を経て、立憲改進党の創設にかかわった。明治二十三（一八九〇）年の第一回総選挙から十八回連続で当選を果たし、文部大臣や逓信大臣を務めたあと、大正十三（一九二四）年に加藤高明《たかあき》らと護憲三派内閣を結成。昭和四（一九二九）年に立憲政友会の総裁となり、その二年後には首相に就任している。

昭和七（一九三二）年五月十五日。その日はよく晴れた初夏の休日で、当時七十八歳の犬養はくつろいだ時間を過ごしていた。午後五時半頃、東京・永田町にある官邸で長男夫婦と食事をしていると、海軍青年将校・三上卓《みかみたく》に率いられた陸・海軍の将校たちが突如乱入してくる。

彼らはピストルを手にしており、明らかに殺気立っていた。犬養は決して怯《ひる》むことなく「話せばわかる」と毅然として対応したが、山岸宏海軍中尉が「問答無用」と叫んでピストルを乱射。犬養は倒れた。

一団が去った後、犬養は血だらけになりながら、「あの乱暴者たちをもう一度連れてこい。よく話して聞かせてやる」と繰り返したといわれている。しかし、夜遅くになって死亡した。

同じ頃、一団の仲間が変電所や内府官邸、政友会本部、警視庁、三菱銀行などを襲撃している。

実行部隊総勢二十七名によるこの事件は、「**五・一五事件**」と呼ばれる。

◇不況を克服できない不満から〝軍国化〟へ！

昭和初期、日本は出口の見えない不況に見舞われていた。さらに中国進出をめぐる問題で国際社会からも孤立しつつあり、社会全体に自暴自棄的な空気が漂っていた。そうしたなか、国民の支持を取りつけて台頭してきたのが軍部だった。

青年将校の銃弾に倒れた犬養毅
（国立国会図書館ホームページ）

軍部には、不況を克服できない政府に不満をもつ者も多かった。五・一五事件の首謀者たちは、政党政治を廃して軍事独裁政権を樹立し、強い日本を築こうとしていたとされる。

犬養の後を継いだのは、海軍大将の斎藤実《まこと》。これにより、大正十三（一九二四）年に成立した加藤高明内閣から続いた「憲政の常道」（衆議院の多数政党が内閣を組織するという政界の慣例）は終焉を迎え、以後は軍部が政治に強い影響をもつようになっていくのである。

◎実はクーデター計画は〝筒抜け〟だった!?

さて、日本が軍国主義化するきっかけとなった五・一五事件だが、この事件には、いまなお謎に包まれている部分がある。

事件の前、**決起の情報がかなり漏れ出ていた**らしいのだが、なぜか首相の耳には入らず、官邸の警備もそれほど厳戒ではなかったのだ。

青年将校の一人である山口一太郎陸軍大尉も、戦後になって「五・一五事件は計画の大要が各方面に漏れていた」（『現代史資料』第四巻月報）と述べている。クーデターが起きることは、憲兵隊も陸軍省も警視庁もある程度知っていたはずだというのだ。

一国の総理大臣が襲われるかもしれない――そんな重大な情報がありながら、当の本人には情報が伝わらない。これは明らかにおかしな話だが、一説によると犬養に近い人間があえて伝えなかった可能性があるという。
その人物とは、内閣書記官長の森恪《かく》だ。

◎陸軍の若き将校をそそのかした〝ある人物〟とは?

森は軍部との結びつきが強く、ファシズム的な考えの持ち主だったといわれる。一方、犬養は軍部としのぎを削るようにして争い、立憲政治を守ろうとしていた人物だったから、二人の仲がよかったはずはない。

実際、二人は口もろくにきかない仲だったようで、五・一五事件直後には「森が若い将校をそそのかしてやらせたのではないか」という噂が出たほどだ。

実は犬養は、陸軍の若い将校を三十人程度クビにしようと考えており、軍幹部の了解をとって天皇に進言しようとしていたとされる。

『暗殺の世界史』(大澤正道著)では、大量解任の計画が森を通じて軍部に伝わっていた可能性を示唆している。さらにその情報が、首切り対象の青年将校へ直接流れていたとすれば……。青年将校たちが犬養暗殺を企てたとしても、何ら不思議はないだろう。

また、森はおそらく**決起の情報を事前につかんでいたが、あえて犬養に告げず、官邸の警備を強化しようともしなかった**とも述べられている。

犬養が暗殺されず政党政治が継続されれば、軍部の台頭が遅れた可能性もある。そうした意味で、軍国主義の到来を告げることになった「五・一五事件」の全容を解明することは、今後の重要な課題になってくるだろう。

崇徳上皇が〝国家を揺るがす怨霊〟になってしまったワケ

平安時代末期、貴族に独占されていた政治の主導権を奪い取り、日本で初めて武家による政治を執り行なった人物がいた。平氏の棟梁・**平清盛**である。

清盛は仁安二（一一六七）年、太政大臣となって実権を掌握。福原（現・兵庫県神戸市）に巨大な港を築いて中国との貿易を拡大したり、安芸《あき》（現・広島県）の海に浮かぶ荘厳な厳島《いつくしま》神社を造営するなど、輝かしい功績をいくつも挙げた。

清盛がいなければ平家の栄華はありえず、貴族社会から武家社会へ転換する時期が遅れただろうともいわれている。清盛は、いわば**時代の変革者**だったのだ。

ところが清盛には、いつも〝悪役〟のイメージがついてまわる。

同じ武将である源頼朝が鎌倉幕府を打ち立てた人物として英雄視されるのに対し、

清盛はそのアンチヒーローとされ、悪逆非道の独裁者、人心を理解しない愚か者といった評価を与えられてきた。

確かに、悪役と捉えられる理由はある。清盛は鎮護国家のシンボル的存在であった奈良・東大寺の大仏を焼き討ちにしているし、自分の一存で都を京都から福原に移している。また、清盛の義弟・時忠《ときただ》がいったとされる「平家にあらずんば人にあらず」という言葉にも、反感を抱いた人は多かったはずだ。

清盛はさらに皇族に謀反をはたらいた。治承三（一一七九）年、後白河法皇に対してクーデターを起こしたのである。

当時、後白河法皇は保元《ほうげん》・平治《へいじ》の乱（朝廷・武家を巻き込んだ勢力争い）で政敵を一掃し、清盛と権力を分け合っていた。だが、平氏が勢いを増すにつれて疎ましくなり、清盛の意向を無視した人事を行なったり、平氏の領地を近臣に分け与えるなど、対立姿勢をあらわにした。清盛はこれに激怒し、**後白河法皇を幽閉して政権を奪取**するという力業に出たのである。

当時は貴族全盛の社会だったから、武士が政権をとる、しかも皇族に対して謀反をはたらくなど、とても考えられないことであった。

東大寺の大仏焼き討ち、身勝手な遷都、そして上皇に対するクーデター……これだけの所業を重ねたのであれば、後世にアンチヒーローとしてまつりあげられるのも仕方ないように思われる。

だが実は、清盛が大胆な行動を起こしたのは、自分の意志によるものではなかったともいわれている。一説によると、**清盛は崇徳《すとく》上皇の怨霊に乗り移られ、正気を失っていた**のではないかというのだ。

◎〝復讐の鬼〟――崇徳上皇とは何者か？

そもそも崇徳上皇とは、後白河法皇の兄である。一度は天皇の座に就いたものの、実質的な権力は握れないまま退位し、上皇となった。その後、保元元（一一五六）年に**保元の乱で後白河天皇に敗北**して讃岐《さぬき》（現・香川県）へ流刑となり、失意のまま没した。

讃岐での崇徳上皇は剃髪して出家までし、謹慎の意を表わしていたが、後白河法皇は崇徳上皇の帰京を決して許そうとしなかった。やがて、このときの無念が崇徳上皇を復讐の鬼へと変貌させてしまう。保元の乱の顛末を描いた『保元物語』に「天狗となって、自分を追いやった者への怨念を燃やした」と記されているように、崇徳上皇の怒りは死ぬまで鎮まらなかったという。

そして崇徳上皇が亡くなると、怨念が顕現したのか、後白河法皇の周囲で凶事が続く。治承元（一一七七）年、清盛の策略によって多数の腹心が厳罰に処されたほか、比叡山の僧兵が強訴《ごうそ》と称して都に乱入したり、天然痘の大流行で多くの人々が亡くなったりした。

やがて後白河法皇も、亡き兄の祟りではないかと疑いはじめ、鎮魂のために崇徳上皇に「崇徳院」という追号を贈った。しかしその翌年、清盛の次女で高倉天皇の中宮であった徳子（後の建礼門院《けんれいもんいん》）が妊娠中に体調を崩し、原因を占うと「崇徳上皇の怨霊のせい」との結果が出た。祟りはおさまっていなかったのである。

治承三（一一七九）年のクーデター直前、清盛の弟・教盛《のりもり》は不思議な夢を見ている。怨霊となった崇徳上皇が武士たちを引き連れ、清盛の屋敷に入り込むという夢だった。

無気味に思った教盛は夢の内容を清盛に告げたが、清盛は取り合わずにクーデターを強行した。そのため教盛は、崇徳の霊が清盛に憑依《ひょうい》して、このようなことをしでかしたものと確信したという。

その後も後白河法皇の周辺では、不可解な事件が続いた。**御所炎上、突然の暴風、朝廷関係者の自宅や関連施設からの出火……**。そして清盛の死後も祟りは続き、建久三（一一九二）年には、ついに後白河法皇が病に倒れたのだ。

怨念が実際に災禍をもたらすかどうかは現在も実証されていない。だが、崇徳上皇が清盛に乗り移ってクーデターが実行されたのであれば、そのせいで悪役になってしまった清盛にとっては、いい迷惑である。

〝孝謙上皇の愛人〟となった怪僧・道鏡の「悲しい末路」

天海、一休、俊寛《しゅんかん》など、歴史上には「怪僧」といわれる僧侶が何人か存在するが、その元祖は奈良時代の法相宗《ほっそうしゅう》の僧・**道鏡**といえるだろう。

道鏡はもともとは民間の修行者だったと見られているが、孝謙上皇（女性）の寵愛を一身に受けて権力の座を駆けのぼった。そして、ついには**天皇の座をうかがうまでになった**のである。

道鏡が出世街道を驀進するきっかけになったのは、孝謙上皇の病を加持祈禱《かじきとう》によって治したことだった。加持祈禱とは、宗教的儀式によって病気や災難などをはらうこと。病に臥せっていた孝謙上皇は、道鏡に加持祈禱をしてもらったことで病から回復することができた。

それ以降、孝謙上皇は道鏡を厚く信頼するようになり、やがて**二人の関係は夫婦同然のものに発展**したとされる。

あるとき、あまりに道鏡を寵愛する孝謙上皇を見かねて、淳仁《じゅんにん》天皇がこれを非難した。すると上皇と天皇との関係は悪化。淳仁天皇の背後で政権を操っていた藤原仲麻《なかま》呂《ろ》が、上皇から権力を守るべく兵を挙げたものの失敗し、琵琶湖畔で家族もろとも殺されてしまった。

そして、仲麻呂を退けた孝謙上皇は淳仁天皇を廃して称徳《しょうとく》天皇として返り咲き、道鏡とともに権力を独占するに至ったのである。

◇〝密教の秘術〟と〝セックス〟で女帝をとりこに!?

それにしても、なぜ道鏡はここまで孝謙上皇の寵愛を得られたのだろうか。病を治したとはいえ、彼は一介の僧侶にすぎない。皇族と僧侶という身分の違いを考えても、二人の関係は異様である。『続日本紀』には「道鏡常に禁掖《きんえき》に侍し、はなはだ寵愛を被る」（年中宮中に通って、女帝の寵愛を得ていた）と記されている。

一説によると、**孝謙上皇は性的に籠絡されていたのではないか**といわれている。つまり、道鏡とのセックスに溺れ、道鏡なしでは生きられなくなったというのである。

眉唾のようにも思えるが、道鏡は性交時に密教の秘術を用いて上皇をとりこにしたとか、並外れて大きな性器が上皇を楽しませたなどと伝わる。

◇「道鏡を天皇に」——宇佐八幡宮ご神託事件

密教の奥義が効いたのか、それとも巨根が好まれたのかは謎だが、道鏡は孝謙上皇（称徳天皇）の寵愛のもとで、どん

どん出世していった。天平神護二（七六六）年には、皇子と同格の法王にまでのぼりつめた。しかし、この絶頂期に事件が起こる。

神護景雲三（七六九）年、宇佐八幡宮の中臣習宜阿曽麻呂《なかとみのすげのあそまろ》が、八幡宮の託宣《たくせん》として**「道鏡が天皇になれば天下太平になる」**と上奏してきた。この報告に、称徳天皇も道鏡も喜んだ。しかし、神託を確認するために和気清麻呂《わけのきよまろ》が八幡宮に向かうと、神託は偽りだったことが発覚。道鏡の即位はなくなってしまう。

実は、宇佐八幡宮の神託は、天皇の座を狙う道鏡とその一派の謀略だったと見られている。称徳天皇の寵愛に頼らずとも権力を掌握しようとした道鏡が、神託を偽造したというのである。

また、八幡宮に派遣された和気清麻呂は、反道鏡の立場をとる藤原氏と通じていたことから、藤原氏が神託を偽った可能性も指摘されている。

道鏡は神託事件後もしばらくは失脚せず、権力の座にとどまっていた。しかし、藤原氏などの有力貴族と異なり、その政治基盤は決して強くはなかった。

神護景雲四（七七〇）年、称徳天皇が倒れると、道鏡の権勢はいよいよ危うくなる。平安末期に編纂された『日本紀略』には、「道鏡は重態に陥った称徳天皇にさまざまな性具を献上したが、女帝の性器から抜くことができなくなって、生命をますます弱めた」と書かれている。

そして天皇が崩御すると、道鏡は藤原氏の反撃を受け、すべての権力を剥奪された。さらに皇位を奪おうとしていたという罪により、下野《しもつけ》（現・栃木県）の薬師寺に流されて二年後に没したのである。

かくして道鏡の野望は露と消えた。女帝を手玉にとり、天皇の位まであと一歩と迫った怪僧も、藤原氏との権力闘争に敗れ去ったのである。

「長屋王の変」――〝藤原氏栄華〟のきっかけをつくった黒幕とは⁉

此の世をば　我が世とぞ思ふ　望月の　かけたることも　無しと思へば

寛仁二（一〇一八）年、**藤原道長**が歌ったとされる和歌である。歌の意味は「この世は私のためにあるようだ。まるで満月のように、欠けているところがない」。当時の藤原一族が手にしていた権力を象徴するような一首だといえよう。

藤原氏は、奈良時代に朝廷で最有力の氏族となり、平安時代に入ると摂政や関白といった重職を独占。「藤原時代」と呼ばれるほど栄華を極めた。鎌倉時代に複数に分家したが、一族が権力を失うことはなく、明治維新まで朝廷の中枢を占め続けた。

そして、藤原氏が絶対的な権力を握るきっかけとなった事件が、神亀六（七二九）

年に勃発した「**長屋王《ながやおう》の変**」である。

七世紀末、朝廷で圧倒的な権力を握っていたのは中臣鎌足《なかとみのかまたり》の子・藤原不比等《ふひと》だったが、彼が亡くなると、**長屋王**という皇族が急速に勢力を伸ばしてきた。

長屋王は天武天皇の息子と天智天皇の娘の間に生まれた子で、皇位継承者候補とも目されたサラブレッド。百万町歩開墾計画、三世一身法などの政策を次々と打ち出すなど政治家としての実績を積み、神亀元（七二四）年に聖武《しょうむ》天皇が即位すると、正二位左大臣に任命されて朝廷のトップに立った。

しかし神亀六（七二九）年、**左道（呪術）を学び、国家転覆を狙っているという嫌疑**をかけられ権力の座を追われ、一族とともに自殺に追い込まれてしまう。この事件が「長屋王の変」だ。

◇異母妹・光明子の立后を画策した「藤原四兄弟」

しかし現在では、長屋王の変は陰謀だったとの見解が有力になっている。長屋王は無実だったというのだ。では長屋王に濡れ衣を着せ、一族を破滅に追い込んだ黒幕は誰か。それは、藤原不比等の四人の子どもたち、つまり**武智麻呂《むちまろ》・房前《ふさささき》・宇合《うまかい》・麻呂《まろ》の藤原四兄弟**ではないかと考えられている。

藤原四兄弟にとって、長屋王はどうしようもなく邪魔な存在だった。

もともと藤原四兄弟は、不比等の娘・光明子《こうみようし》（四兄弟の異母妹）の子を天皇にしようと考えていた。光明子は聖武天皇の子を産んでおり、その子が次期天皇になれば、藤原氏は天皇と外戚関係になることができたのだ。

しかし、光明子の子はわずか一歳で早世してしまった。そのため、藤原四兄弟は次の策として、光明子を皇后にすることで天皇家との関係を深めようと考えたのである。

しかし、皇族出身以外の女性が皇后になることは前代未聞であり、律令で禁止されていた。しかも、長屋王は律令を重視する人だったから、光明子の立后を認めるはずはなかった。

藤原氏の権勢を守るには、長屋王が邪魔である――。

そう考えた藤原四兄弟は、長屋王の排除を画策。神亀六（七二九）年二月、「長屋王が謀反を企てている」という密告を受けると、藤原四兄弟はすぐさま長屋王の邸宅に兵を送り、長屋王とその一族を自害へと追い込んだのである。

密告から決着までわずか三日間というスピード解決であったことから、藤原四兄弟が事前に周到な準備を整えたうえで起こした事件だったことがうかがえる。

◎〝サラブレッド〟の長屋王にコンプレックスをもつ聖武天皇の仕業!?

しかし、この解釈には疑問も提示されている。いくら朝廷内で強い権力をもっていた藤原四兄弟とはいえ、国政をつかさどる長屋王に対して、こうも簡単に罪を着せ、兵を送り込むことができるのかということだ。

そこで浮上してくるのが、藤原四兄弟だけでなく**聖武天皇**も絡んでいるのではないか、という説だ。古代史研究家の遠山美都男氏は『彷徨の王権　聖武天皇』のなかで次のように述べている。

当時、聖武天皇と長屋王は皇位継承をめぐって対立関係にあった。先述の通り長屋王が皇室のサラブレッドだったのに対し、聖武天皇は母親が藤原家出身の民間人だったため、血統的なコンプレックスをもっていたとされる。

長屋王を過剰に意識する聖武天皇は、光明子との間に子ができるやいなや、皇太子に任じて次の天皇にしようと画策。ところが、その子がわずか一歳で夭逝《ようせい》してしまい、大きく落胆することになった。

そんな折、聖武天皇の耳に長屋王にまつわるよからぬ噂が入る。長屋王は聖武天皇の子が生まれる少し前から、亡くなった十日後まで写経を続けたというのだ。

写経の目的は自分の両親の追善と聖武天皇の延命を願ってのものと説明するが、聖武天皇にとっては、それが呪詛《じゅそ》のように思われた。そこで聖武天皇は、**藤原四兄弟に長屋王の殺害を命じた**のではないかというのである。

長屋王の変は藤原四兄弟の陰謀だったのか、それとも聖武天皇が黒幕だったのか。真相はいまだ謎である。しかし、これを機に藤原氏が栄華を築いたことは紛れもない事実。繁栄の裏側には、天皇をも巻き込んだ、どす黒い陰謀が渦巻いていたのである。

実は〝毒殺〟だった⁉ 孝明天皇の死に囁かれる黒い噂

江戸時代末期、日本はかつてないほど重大な時代の転換点に立っていた。開国か攘夷（外国勢力の打倒）か——。この大きな問題の答えを早急に出し、今後進むべき道を決めなければならなかったのである。

当時、欧米列強はすでに産業革命を成し遂げており、新しい市場と植民地を求めて海上からアジアへとなだれ込んできていた。中国（清）はイギリスとのアヘン戦争に敗れて香港を奪われた。鎖国中の日本にもイギリスやアメリカなどが再三来訪してきて開国を求めたが、幕府は拒絶し続けていた。

欧米列強による植民地化の恐怖が日本に押し寄せるなか、朝廷のトップの座に就いていたのは**孝明天皇**だった。弘化三（一八四六）年に即位した孝明天皇は、当時わずか十六歳の若さでありながら、強い意志をもって困難な時代を生きた。政治にも積極的な姿勢を示していた。

ところが慶応二（一八六六）年十二月、孝明天皇は天然痘でこの世を去ってしまう。享年三十六。あまりにも急で早すぎる死であった。

しかし実は、この孝明天皇の死をめぐって昔から囁かれている重大な噂がある。本当の**死因は天然痘ではなく、毒殺**ではないかというのである。

◇もし孝明天皇がもっと長生きしていれば――

幕末の思想は尊王攘夷論（天皇を尊び、外国人を追い払う）から、公武合体論（朝廷と幕府が融和して外交にあたる）、討幕論へとめまぐるしく移行していった。

そうしたなかで、孝明天皇は徹底した攘夷論者であり、断固として開国を認めようとしなかった。彼は、外国人は犬畜生にも劣る存在だと信じて疑わず、諸外国を打ち払うべきだと考えていたのだ。

もし孝明天皇がもっと長生きしていれば、日本の開国から明治維新へと続く歴史はかなり違ったものになっていたかもしれない。それほどまでに孝明天皇は強固な攘夷論の持ち主であり、幕府を擁護する佐幕派でもあった。

しかし、孝明天皇が急死したことで事態は一変。政治状況は急速に討幕開国派に有利となり、日本は一気に明治維新へと突き進んでいく。

討幕派にとっては、あまりにタイミングのよい孝明天皇の死。そこで孝明天皇は毒殺だったのではないかという説が唱えられるようになったのだ。

孝明天皇が病に倒れたのは慶応二（一八六六）年十二月十一日のこと。十五人の典医が治療にあたったが、翌日にはひどい高熱を発して重態に陥った。その後、十九日に峠を越し、二十四日にはほとんど回復したのだが、同日夜半に病状が急変、二十五日には血を吐き、夜半に死亡したという。いったん復調したあと、再び容態が悪化していることから、毒殺説が後押しされることになった。

では、孝明天皇が毒殺されていたとすると、その犯人は誰なのか。

疑惑の人物として指摘されているのは、明治政府の要人・**岩倉具視《ともみ》**だ。

◇なぜ〝世渡り上手〟の岩倉は朝廷から追放された？

岩倉具視は文政八（一八二五）年に生まれた公家で、明治政府樹立後、遣欧使節団の全権として欧米を訪ねたことでも知られている。

安政元（一八五四）年に孝明天皇の侍従となった頃には孝明天皇同様、岩倉も攘夷論者だった。だが、幕府が公武合体を模索すると、皇女・和宮《かずのみや》と徳川家茂《いえもち》との婚姻を強引に推し進めた。

和宮との婚姻を実現させることで幕府に恩を売り、朝廷の威信を回復しようと考えていたといわれるが、朝廷と幕府の双方に自分の存在を認めさせ、発言権を強めようとする意図もあったようだ。

しかし、突然攘夷論者から公武合体論者に鞍替えした岩倉に対し、朝廷内の攘夷論者は大いに反発した。その結果、岩倉は朝廷から追放されてしまう。

それでも幽閉中に薩摩藩士の大久保利通《としみち》と接触し、大久保の「**この時期こそ討幕の好機だ**」という意見に賛同するようになり、今度は討幕派へと転身したのだ。岩倉は、非常に世間の流れを読むのがうまい世渡り上手だったといえるだろう。

◇実行犯は岩倉の子か、それとも医師か!?

そんな岩倉の野望の邪魔になったのが孝明天皇だったとされる。

岩倉は蟄居《ちっきょ》先から孝明天皇に手紙を出し、公家による討幕の道を提言したが、孝明天皇はこれを無視。

大久保や公家の中山忠能《ただやす》らと連絡を取り合い、討幕の密勅を得る計画を立てていた岩倉にとって、もはや孝明天皇は目障りな存在でしかなくなった。

そこで岩倉は大胆にも孝明天皇を毒殺したという見方がされているのである。

実行犯は岩倉の子で、幼児から児《ちご》として天皇のそばに仕えていた具定《ともさだ》、もしくは十

岩倉は孝明天皇を毒牙にかけた？
（国立国会図書館ホームページ）

五人いた典医のなかにいるのではないか、などと囁かれているが定かではない。

孝明天皇が死亡したあと、岩倉は朝廷に返り咲き、明治政府では右大臣に就任。事実上、政治の実権を握るまでになる。こうした岩倉の出世は、孝明天皇の死があってこそといえよう。日本を明治維新に導いた英雄にも、どうやら血なまぐさい過去があったようだ。

4章

美女・才女・悪女……
歴史を変えた女たち

薩英戦争に大金星をもたらした薩摩藩の〝美しき切り札〟

鹿児島県がイギリスと戦争する——。

現在では考えられないことだが、幕末には薩摩藩とイギリス艦隊による戦争が実際に行なわれた。いわゆる**薩英戦争**だ。

この戦争のきっかけになったのは、文久二（一八六二）年に起こった生麦事件である。そのとき薩摩藩の指導者・島津久光は、江戸から京都に戻ろうとしていた。その途中、神奈川の生麦村（現・横浜市鶴見区）に差しかかったところで、四人のイギリス人が騎乗のまま列を横切ったため、藩士が激怒。一人を斬殺《ざんさつ》し、二人に重傷を負わせたのである。

怒ったイギリス側は、幕府を通じて薩摩藩に犯人の引き渡しと賠償金を要求したが、薩摩藩は完全に無視。その結果、翌年七月に薩英戦争が勃発することになる。

イギリス側は近代的武器を装備していたため、当初は薩摩藩の苦戦は必至と思われた。ところが、薩摩藩は非常に強かった。

七隻のイギリス艦隊のうち、無傷だったのはインディアン号だけ。二隻が沈没、四隻が損傷させられるという有様で、多くの将兵が戦死した。

一方、薩摩藩はイギリス側の砲撃で鹿児島の町の一部が焼けたものの、大きな被害はなかった。つまり、**薩摩藩はイギリスを相手にした戦争に勝ってしまった**のである。

しかしながら、なぜ薩摩藩はそこまで強かったのか。実は薩摩藩の勝利の陰には、**女性スパイの存在**があったといわれている。おむらという名の女性だ。

◇イギリス将校を骨抜きにしたラシャメンの〝色仕掛け〟

おむらは、生麦事件に怒ったイギリス艦隊が幕府に抗議した際、イギリス将校を懐柔するために送り込まれた**ラシャメン**の一人だった。ラシャメンとは、西洋人の愛人になった日本人女性のことである。

当時二十三歳だったおむらは、勘が鋭く器量がよかったことから、イギリス艦隊の指揮官クーパーに気に入られ、横浜にある彼の屋敷で暮らしていた。

クーパーの屋敷では、イギリス将校の会議がしばしば開かれており、おむらはここで情報を収集した。そして、週に一度許されていた外出の際、薩摩藩士の木藤彦三《きとうひこぞう》と会って極秘情報を伝えていたという。

薩英戦争の際、おむらはイギリス艦隊が横浜から薩摩に向かう日を伝えていた。また、薩摩へ行くのはただの威嚇で、砲弾はあまり積んでいないこと、イギリス将校たちはラシャメンに溺れて士気を落としていることなども伝えた。

こうした情報を得た薩摩藩は、ありったけの大砲を用意して、イギリス艦隊を待ち受けていたのである。

薩摩藩の大勝利は、おむらをはじめとするラシャメンたちが、**イギリス人に渾身のサービスをした結果**ともいえるだろう。

◇女スパイ・おむらはその後……

　ところで、このおむらはどういう理由でスパイという危険な仕事を引き受けたのだろうか。それは、おむらが薩摩藩の木藤彦三と恋仲で、彼にスパイになるよう勧められたからだ。

　木藤は生麦事件のあと、イギリス側の動向を探るために調査を開始しており、イギリス軍の拠点の一つである上海に渡って情報収集につとめた。

　その結果、イギリス艦隊による攻撃の時期や装備を知るには、「日本で直接イギリ

ス軍を偵察し、生の情報を得るしかない」と確信する。

そこで木藤が考えたのが、ラシャメンを使ったスパイ作戦だった。木藤は江戸に戻って集めた女性のなかから、芳町《よしちょう》で芸者をしていたおむらに白羽の矢を立てる。そしておむらを口説き落とし、クーパーのもとに送り込んだのである。

木藤は美男子で、おむらは彼に一目惚れしていた。木藤の頼みとあっては、スパイという危険な仕事でも引き受けないわけにはいかなかったのだろう。

では薩英戦争後、おむらはどうなったのか。彼女は、重傷を負って横浜に戻ってきたクーパーとすぐに別れ、木藤の妻となった。そして、江戸人形町で店をもち、ともに仲良く暮らしたという。

女スパイとして活躍したのは、わずか四カ月。その間に、おむらは見事に使命を果たし、幸せを手にしたのだ。

卑弥呼暗殺――謎が謎を呼ぶその死因とは？

日本の古代史はまだまだ明らかになっていないことが多いが、最大の謎といえば邪《や》馬《ま》台国《たいこく》の女王・**卑弥呼**《ひみこ》をおいてほかにいないだろう。「**古代のカリスマ指導者**」として有名な卑弥呼だが、実はわかっていることはほとんどないのだ。

卑弥呼に関するほとんどの情報は、中国の史書『三国志』のなかに書かれた「魏志《ぎし》倭《わ》人伝《じんでん》」に由来している。

判明しているのは、「二世紀末に大きな争いが起こった際、統治者となった女王で、彼女の登場をもって争いがおさまった」ことと、「魏に使者を送って〝親魏《しんぎ》倭王《わおう》〟の称号を得た」こと、そして「生涯独身を貫き、弟が統治の補佐をしていた」ことくらいなのだ。

それ以外では、彼女が住んでいた居館や生活の様子などが、ほんのわずかに知られている程度。日本最古の歴史書である『古事記』や『日本書紀』をひもといても、実像は判然としない。

◇古代のカリスマ指導者は〝戦死〟した？

このように、日本の創世記に生きた女王は謎だらけの存在であるが、長年さまざまに推測されているのが彼女の死因である。

「魏志倭人伝」によると、卑弥呼は二四七年頃、邪馬台国の南に位置する狗奴国《くなこく》との争いの最中に戦死したと伝えられる。

魏の使者が「親魏倭王」の称号を与えるために卑弥呼と謁見したのが二三九年。その時点で「年、長大」とあることから、亡くなったときにはかなりの高齢であったと推察できる。ただし、死因については史料に詳しく記されておらず、病死説、戦死説、暗殺説、謀殺説などが錯綜しているのである。

当時の卑弥呼の年齢を考えれば老衰か、病死と考えるのが自然だろう。しかし、卑弥呼の死は狗奴国との争いの最中に訪れているため、**戦死説**を唱える専門家も多い。「魏志倭人伝」には、卑弥呼が狗奴国との戦いにおいて魏に調停を頼んだとある。ここから、卑弥呼は戦況が激化したために死んだというのだ。

◇殺されたのは「シャーマンとしての霊力が衰えたから」!?

では、謀殺説はどうだろうか。

「卑弥呼は、狗奴国に敗れた責任をとらされて殺害された」とするのが謀殺説だが、この説を『邪馬台国――清張通史』で唱えたのが、推理作家の松本清張氏である。

世界的に見て、古代の統治者は神の声を聞く祭祀者であり、呪術や魔術などの神秘的な能力をもつシャーマンであることが多かった。それゆえ、ほかの者とは別格とされ、特別な存在として崇められていた。卑弥呼もその例に漏れず、霊的な力をもって統治するシャーマンだったと考えられている。

しかし、どんなカリスマ性のある統治者でも、年をとって健康を害したり、精力が衰えてきたりすると、後継者によって殺されるのが常だった。

たとえば飢饉や干魃《かんばつ》が起こると、それは統治者の力の衰退を示すものと解され、殺されてしまうことが多かったのである。

こうした事例は、三世紀の歴史書「魏志夫余《ふよ》伝」でも確認できる。

古代中国では天候不順などで凶作になると、王の責任とされたとの記事があるのだ。具体的には、夫余国の麻余王という王が殺され、その息子の六歳の王子が王になったという。

松本氏は、この世界的な習俗を引いて謀殺説を唱えた。

すなわち、邪馬台国の首長たちは、狗奴国との戦いで劣勢を強いられている現状を見て、「自分たちが勝てないのは、統治者である卑弥呼の霊力が弱まっているせいだ」と考えた。

そこで、戦争に勝つには「**卑弥呼を排除し、より強い霊力をもつ者を王に立てる必要がある**」という判断がなされ、ついには卑弥呼の殺害に至ったのではないかというのである。

どの説ももっともなように思えるが、定説になっているものはない。卑弥呼の死の真相は、いまだに解明されていないのである。

小早川秀秋の〝裏切り〟は北政所が指示していた!?

徳川家康率いる東軍と、豊臣秀吉の腹心の石田三成率いる西軍が、秀吉亡きあとの天下をめぐって争った**関ヶ原の戦い**。この〝天下分け目の戦い〟で、東軍勝利の決定的な要因となったのは、**小早川秀秋《こばやかわひであき》の裏切り**だとされている。

秀秋は、豊臣秀吉の正室・北政所《きたのまんどころ》の甥。子のなかった秀吉夫妻の養子に迎えられ、天下人となった秀吉の後継者候補として大事に育てられた武将だった。

その縁故から、関ヶ原では西軍につくと考えられており、実際、当初は西軍の一翼として参加していた。ところが戦いの最中、東軍について味方の軍勢を攻撃。これをきっかけに西軍は総崩れとなり、東軍が大勝利をおさめたのである。

敗走した石田三成らは、のちに捕らえられ処刑されることになるが、かねてから秀秋を疑っていた西軍の有力者の一人、大谷吉継《おおたによしつぐ》は「人面獣心なり。三年の間に祟りをなさん」と秀秋に対して呪いの言葉を投げつけたといわれている。

しかしながら、なぜ秀秋は西軍を、豊臣家を裏切ったのだろうか。

◎二人の女による〝もう一つの〟天下分け目の戦い

関ヶ原の戦いの前、徳川方も豊臣方も、諸大名に対して寝返り工作を進めていた。恩賞をちらつかせ、自軍につくよう、盛んに誘いをかけていた。小早川秀秋もこうした工作を受け、寝返ることを事前に約束していたとされる。

では、秀秋に対する寝返り工作を押し進めたのは誰か。1章では「天海が関与していた」という説を紹介したが、別人とする説もある。秀吉の正室であり、彼の育ての母でもある**北政所**である。

北政所は秀吉を陰で支え続けた賢妻で、二人は互いを愛してやまなかったとされている。だが、側室の淀殿《よどどの》が秀吉との間に秀頼をもうけると、北政所は次第に疎外されてしまう。老いた秀吉は実子である秀頼を溺愛するとともに、淀殿を優遇するようになったからだ。

こうして北政所と淀殿は対立を深め、秀吉が亡くなると、二人の対立は決定的なものになる。北政所がやがて徳川の時代が到来することを見越し、豊臣家は一大名として生き延びた方がよいと考えたのに対して、淀殿はあくまで豊臣家の天下にこだわり続けた。そのため、北政所はついに淀殿と決別したのである。

◇西軍か東軍か——北政所の助言は?

そんな北政所のもとを、**西軍につくべきか東軍につくべきか**、大いに迷っていた秀秋が訪ねた。

秀秋は秀頼の誕生後、秀吉の後継者候補の座を追われ、小早川家へ養子に出されていた。また、朝鮮出兵では秀吉により総大将として危険な戦地へ送り込まれたが、それも秀吉が秀頼を愛するがゆえの命令だった。

さらに、秀秋は石田三成に対する疑念ももっていた。朝鮮出兵後に秀吉は、大将という立場にいながら前線に出た秀秋を叱責し、領地削減の処分を科した。しかし、その処分は、三成が裏で糸を引いたものではないかといわれている。

戦局は、東軍が有利に思える。しかも、西軍を率いている石田三成がどうも信用できない……こう考えていた秀秋は、思いのたけを北政所に話した。すると北政所は、西軍を裏切って東軍につくよう勧めた。これによって秀秋の心は決まり、関ヶ原で寝返ったというのである。

北政所が秀秋に裏切りを指示したという確かな証拠はないが、状況を考えれば十分にありうる話だ。

◇家康を激怒させた秀秋の〝日和見〟

一方、秀秋の裏切り工作を主導したのは、**黒田長政**だという説もある。

長政は播磨《はりま》（現・兵庫県）の黒田官兵衛の嫡男《ちゃくなん》で、人質として秀吉の居城に送られ、そこで成長したという経歴の持ち主。関ヶ原の戦いでは、家康率いる東軍についた。

その長政は秀秋と義理の従兄弟の関係にあり、関ヶ原の戦いの直前、秀秋に書状を送っている。

書状には「我々は北政所様のために東軍につく」「我々と同じように東軍につくと早く返事をしてほしい」といった内容が記されていた。

そして秀秋は、北政所の名を出されたことで、東軍への寝返りを決めたというのだ。

つまり長政は、北政所の名を利用して秀秋を東軍に引き入れていたのである。

多くの大名や武将の思惑が複雑にからみ合った関ヶ原の戦いゆえ、秀秋を東軍に誘い、裏切りをうながした者は、ほかにもい

たのではと考えられる。

最終的に誰が秀秋に寝返りを決心させたかは判然としない。しかし、徳川方の武将が**「東軍につくのは北政所様のご意向である」**と秀秋にいっていた可能性は高く、裏切りの裏には常に北政所の影がちらついている。

ところで秀秋は、いざ戦闘が始まってみると日和見を決め込んでなかなか動こうとせず、家康を激怒させることになる。また、合戦後は備前・美作《みまさか》五十七万石を与えられたものの、二十一歳という若さで亡くなってしまった。それらの不運は、もしかしたら主君を裏切った報いだったのかもしれない。

「応仁の乱」の原因は日野富子の〝不倫〟にあった⁉

応仁元（一四六七）年、全国から二十五万以上の軍勢が京都に集まり、二手に分かれて戦った**応仁の乱**。衝突は十一年にわたって続き、京都の町は完全に焦土と化してしまった。しかも、争いは京都だけにとどまらず、地方にも波及。世は戦乱の時代へと移り変わっていった。

つまり、応仁の乱をきっかけに日本は戦国時代へと突入したわけだが、この歴史の転換点となった**乱の原因をつくったのは一人の女性だった**。

室町幕府八代将軍・足利義政の正室・**日野富子《ひのとみこ》**である。

富子は日野政光《まさみつ》という公家の娘で、十六歳のとき義政に嫁いだ。その四年後に最初の子を生んだが死産で、その後、数年経っても跡継ぎを生むことができなかった。そ

日野富子は天皇との不義の子を
将軍にしようとした？（宝鏡寺蔵）

こで義政は弟の義視《よしみ》を後継者として選んだ。

しかし、結婚から十年後に富子は男児を出産する。のちの足利義尚《よしひさ》である。富子が義尚を生んだことで、義政と義視との関係は微妙なものとなり、次第に反目するようになっていく。

その頃、朝廷で驚くべき噂が立った。なんと、**富子は後土御門天皇と不倫をしており、その間にできた子が義尚**だというのである。

◇富子の復讐——「足利家の血」を引かない不義の子を将軍に!?

この噂が本当ならば、富子はひそかに策謀を企てていたことになる。将軍家の血筋を引いていないわが子を、将軍の地位につけようとしたことになるからだ。

義政は酒色や趣味に溺れた人物として知られ、富子が義政の正室になったとき、すでに多くの側室がいた。しかも、今参局《いままいりのつぼね》という女性を寵愛していたため、御所の奥座敷は彼女の支配下にあった。さらに、側室たちは次々に男子を生んでいた。

そうしたなか義政が義視を後継者に決めると、富子は激怒。室町御所を出て、皇居にいる叔母のもとに滞在した。このとき、後土御門天皇と密通して義尚が生まれたとされている。数多くの側室を抱え、今参局を寵愛し、弟を将軍継承者にした義政に、富子が復讐しようと不倫に走ったことは十分に考えられる。

義尚は天皇との不倫によって生まれた子なのかどうか、いまでは史料がとぼしく真実は謎に包まれている。しかし、「富子ほどのしたたかな女なら、天皇と不倫をしかねない」と信じる人は少なくない。

◇やはり富子は〝稀代の悪女〟だったのか——？

富子の悪女ぶりを示す、驚くべき噂がある。今参局殺害疑惑である。

先にふれたように今参局は義政の寵愛を受け、御所奥座敷内の権力を握っていた女性。富子はこの**今参局に嫉妬し、画策して死に追いやった**のではないかというのだ。

当時、富子は義政との子を死産したばかりだった。これを富子は今参局の呪いのせいだと義政に直訴。すると、巷でもその噂がしきりに流れたのである。

今参局を寵愛していた義政も、富子が後継ぎを死産したということで怒りを爆発させ、調査を命じた。その結果、今参局はクロと判断され、琵琶湖の沖島への配流処分が科される。そして、いよいよ護送されるとき、事態は急展開し、死刑と変更されたのだ。今参局のあとを刺客が追ったが、彼女は死刑になるのをよしとせず、途中の近江国で自害した。

今参局が富子に呪いをかけたという噂が流れたのは、富子が仕組んだ陰謀であったといわれている。

◇将軍家の〝骨肉の争い〟が全国的争乱に拡大！

富子はなんとしても、わが子義尚を将軍位につけようと画策し、幕府の実力者である山名《やまな》宗全《そうぜん》に頼った。これに対し、義視側は元管領《かんれい》（将軍に継ぐ高位の役職）の実力者・細川勝元に援助を頼み、両者は激しく対立した。さらに、管領候補の家柄である畠山《はたけやま》家と斯波《しば》家も、家督争いで分裂し、それぞれが山名と細川を頼った。

こうして「義尚」対「義視」の対立が畠山家と斯波家の対立を巻き込み、さらに諸国の守護大名を巻き込んで**大規模な争乱に発展**。応仁元（一四六七）年には「応仁の乱」の勃発へと至った。

結局、富子は義尚を将軍の位につけることには成功する。だが、義政はそんな富子に嫌気がさしたのだろうか、晩年になると屋敷を去り、別居生活を選んだのである。将軍夫妻の別居は前代未聞のことだった。

前代未聞の大事件！ 女帝・推古の〝裏の顔〟とは？

日本の天皇家は、神代から脈々と続いてきたとされる。その長く膨大な歴史のなかには、**自分の臣下に殺される**というあまりに悲劇的な最期を迎えた天皇がいる。用明二（五八七）年、用明天皇の次に即位した**崇峻《すしゅん》天皇**である。

歴史上はっきり記されている臣下による天皇暗殺事件は、本件以外に存在しない。それだけ重大な前代未聞の事件だった。

首謀者と目されているのは**蘇我馬子《そがのうまこ》**。仏教を深く信仰したことでも知られる、飛鳥時代の有力豪族だ。用明天皇が崩御したのちには、自ら後ろ盾となって用明天皇の異母弟である崇峻天皇を即位させた。その崇峻天皇を、馬子はあろうことか殺してしまったのである。

なぜ、自ら擁立した天皇を殺害したのか。また、共犯者は存在したのか。この崇峻天皇暗殺事件には、あまりにも謎が多い。

◇皇位継承をめぐる「蘇我氏」と「物部氏」の争い

そもそも崇峻天皇は欽明《きんめい》天皇の皇子であり、母は欽明天皇の補佐をした蘇我稲目《いなめ》の娘の小姉君《おあねのきみ》。即位前は泊瀬部皇子《はつせべのみこ》といった。

ただ当初、後継者として有力視されていたのは泊瀬部皇子ではなく、兄の穴穂部皇子《あなほべのみこ》だった。穴穂部皇子も泊瀬部皇子同様、欽明天皇と小姉君の子で、泊瀬部皇子より年齢的に上。しかも、有力氏族の物部守屋《もののべのもりや》に推されていたからである。

ところが、穴穂部皇子の即位は幻に終わる。用明二（五八七）年、後ろ楯だった守屋が馬子との権力争いに敗れたからだ。

これで権力を掌中におさめた馬子は、用明天皇が崩御するとすぐに泊瀬部皇子を崇峻天皇として即位させる。馬子はまた、欽明天皇の娘である炊屋姫《かしきやひめ》（のちの推古天皇。

母は蘇我稲目の娘、堅塩媛《きたしひめ》）と結び、朝廷での勢力を一気に確立してしまったのである。

◇なぜ馬子は〝天皇暗殺〟という大罪を犯した？

こうして政治の実権は馬子と炊屋姫の二人が握ることになり、崇峻天皇は飾り物のような存在になってしまった。

天皇に即位できたのは馬子のおかげとはいえ、当時の政治の中心地である飛鳥から十キロ以上も離れた倉梯《くらはし》という山間部に追いやられ、彼の胸中には不満が積もるばかりだった。

そんな折、崇峻天皇は献上された猪を見て、「この猪の首を切るように、いつか自分も自分の嫌いな男（馬子）の首を切ってやりたいものだ」と漏らす。そしてその後、兵を集めはじめたのである。

崇峻天皇の不穏な動きを察知した馬子は、すぐに天皇暗殺を決意。渡来人の東漢《やまとのあやの》直駒《あたいこま》に対して暗殺命令を下した。暗殺の詳細については不明だが、東漢直駒は「東国からの貢物を献上する」といった名目で天皇に会い、暗殺を決行したとされている。

当時、馬子は絶大な権力を有していた。それだけに、自分に刃を向けようとする輩は何人たりとも許せなかったのかもしれない。また、外交政策における崇峻天皇との意見の不一致が直接の原因ともいわれている。

とはいえ、馬子ほどの策略家がそうした単純な理由で天皇暗殺という大罪を犯すのかという疑問も残る。そのため、「**事件の裏には黒幕が存在したのではないか**」という意見も出されている。そして、その黒幕は誰かというと、なんと**炊屋姫**だというのである。

◇崇峻天皇暗殺の黒幕は推古天皇だった!?

崇峻天皇の死によって、**推古天皇**として即位する炊屋姫。推古天皇といえば、**聖徳太子**を摂政として大陸から先進的な政治制度を導入したり、仏教文化を中心とした飛鳥文化を花開かせた**日本初の女帝**である。

即位前とはいえ、その推古天皇が事件の首謀者とはにわかには信じがたい話だが、彼女が黒幕だったと示唆するものがある。それは、崇峻天皇の死後の扱われ方の不自然さである。

通常、天皇が亡くなった場合、遺体はすぐに埋葬せず、棺に納めたまま一定期間安置する「殯《もがり》」という儀式を行なう。ところが『日本書紀』によると、崇峻天皇の死に際しては殯の儀式が省略され、即座に倉梯岡陵《くらはしのおかのみささぎ》に埋葬された。

これは天皇を天皇として扱わなかったということであり、いくら馬子といえども彼の一存でできることではない。

また、崇峻天皇に直接手を下した東漢直駒の処遇も注目される。彼は**「馬子の娘と密通した」という理由で処刑**されているのだ。そして、東漢直駒に暗殺命令を出した馬子は、何一つ罪を追及されていない。

推古天皇と共犯であった馬子は罪を免れ、東漢直駒は真相を知りすぎたからか殺されてしまったのだ。

こうしたことから崇峻天皇暗殺事件は、馬子が天皇との確執が原因で企てたのではなく、炊屋姫に糸を引かれていたのではないかという説が唱えられているのである。決定的な証拠はないが、事件後の状況を見ればその可能性は高いといえる。今後の研究次第では、現在の教科書には載っていない、推古天皇の〝裏の顔〟が明らかになるかもしれない。

皇女・和宮の降嫁の陰で暗躍した〝あの人物〟

嘉永六（一八五三）年六月、アメリカのペリー提督率いる黒船四隻が浦賀沖に姿を現わし、江戸幕府へ開国を迫った。それ以来、開国か攘夷か、討幕か公武合体（朝廷と幕府の協力）かなど、さまざまな議論が巻き起こり、明治維新へと続く激動の時代へと突入していった。

安政七（一八六〇）年三月三日には、江戸城・桜田門外で大老・井伊《いい》直弼《なおすけ》が水戸藩、薩摩藩の脱藩浪士によって暗殺された。これによって幕府の権威が大きく失墜するとともに、幕府と朝廷の関係はますます悪化した。世間でも反幕ムードが漂うようになり、幕府は厳しい局面を迎えた。

そうしたなかで行なわれたのが、**皇女・和宮《かずのみや》の降嫁**だった。十四代将軍・徳川家茂《いえもち》が御台所《みだいどころ》に皇女を迎えたのである。和宮は孝明天皇の異母妹で、六歳のときに有栖川宮《ありすがわのみや》熾仁親王《たるひとしんのう》と婚約していた。それにもかかわらず、**なぜ彼女は降嫁したのだろうか。**

◇和宮「降嫁するくらいなら尼になる」

朝廷に和宮の降嫁を要請したのは、老中・久世広周《くぜひろちか》や安藤正信《まさのぶ》だった。彼らは朝廷との対立をやわらげ、幕府の権威を維持しようと公武合体を考えた。

しかし彼らの考える公武合体は、政治のすべてを幕府が担い、「朝廷は幕府の政治をそのまま容認する」という幕府中心の理論で、朝廷にとって面白い話ではなかった。

和宮も婚約を解消すれば降嫁は可能だったが、「関東は外国人が徘徊している土地」だと聞き、「**東に降嫁するくらいなら尼になる**」と結婚話を断固拒否。兄である孝明天皇もあまり気乗りせず、降嫁の話は思うように進展しなかった。

ところが、幕府方が「ある条件」を呑んだことで状況は一変、和宮は家茂に嫁ぐことになる。孝明天皇も和宮の降嫁を許した。

公武合体のため徳川家茂に降嫁した皇女和宮
（徳川記念財団蔵）

文久元（一八六一）年十月、和宮は桂御所《かつらごしょ》を出立し、中山道《なかせんどう》を江戸へと向かう。行列は警護や人足を含めると総勢三万人にのぼった。

翌月、和宮一行は江戸城に入り、文久二（一八六二）年二月に和宮は家茂と正式に婚礼を挙げた。かくして幕府は思惑通りに公武合体を実現し、当面の危機から脱したように見えた。

しかしながら、ここで疑問が浮かぶ。朝廷側は降嫁を望んでいなかったのに、結局は幕府の降嫁要請を受け入れた。朝廷側はどのような理由で態度を変えたのか。

◇朝廷が手のひらを返したワケ

和宮の降嫁を孝明天皇に進言したのは、公家の**岩倉具視《ともみ》**だった。岩倉は和宮の降嫁問題が進展しなくなった際、天皇にこういった。

「幕府に対して条約破棄を約束させ、それを条件に降嫁を許可してはどうでしょうか」

この提案は、**和宮の降嫁と引き換えに通商条約を破棄させ、攘夷の実行を迫ろうというもの**だった。

通商条約とは、幕府が開国後まもなく諸外国と結んだもので、日本は条約締結国に対して治外法権を認め、関税自主権をもたないという極めて不平等な内容だった。

岩倉はあくまで朝廷が実権を握ることを前提とした公武合体を考えており、重要な外交問題や内政については、必ず朝廷に奏聞し、しかるのちに施行するような体制を思い描いていたといわれる。

この意見を聞いて、条約破棄と攘夷を望む孝明天皇は、和宮降嫁の許可を与えたのである。

◇「朝廷」と「幕府」の力関係はこの瞬間に逆転した！

だが、和宮の降嫁はすんなりとはいかなかった。**幕府は和宮を人質にしようとしているのではないか**との噂が流れたのだ。噂を耳にした天皇は、岩倉らに対して「和宮について江戸に下向し、老中と面談して事の真偽を確かめるように」との勅語を与えた。

そこで家茂は噂を払拭するために、やむなく自筆の誓書を書くことになる。

「家茂をはじめ諸臣に至るまで、決して人質にとるようなことはしないので、ご心配なさらないでください」

この誓書がダメ押しになり、和宮の降嫁は決定的なものになった。かくして幕府は公武合体を実現したのである。

それまでは弱体化したとはいえ、政治のリーダーシップは幕府の側にあった。だが、降嫁問題とその交渉を通して、幕府と朝廷の力関係は完全に逆転した。岩倉の思い通りの展開になったわけだ。そして、この出来事は朝廷と幕府が共同で国難にあたるという新たな体制の象徴となったのである。

正室・築山殿処刑——信長は〝家康の服従度〟を試したかった⁉

嫁の〝たわいもない愚痴〟が原因で、実の夫に処刑される……そんな悲劇的な最期を遂げたのが徳川家康の正室・**築山殿**《つきやまどの》である。

築山殿は今川氏の一族・関口義広《よしひろ》の娘で、今川義元の姪にあたるとされる。弘治三（一五五七）年、今川氏に人質にとられていた家康に嫁ぎ、長男・信康《のぶやす》と長女・亀姫《かめひめ》（加納御前《かのうごぜん》）を生んだ。その名は居住地の築山にちなんでつけられた。

しかし、築山殿には悪評がついてまわる。名門の出であることを鼻にかけているとか、傲慢で嫉妬深いとか、信康の嫁・徳姫（織田信長の娘）をいじめぬいたとか、とにかく醜聞が多い。

特に有名なのは、武田勝頼《かつより》に内通したというものだろう。当時、織田・徳川家と武田家は敵対関係にあったのだが、築山殿は信康とともに武田方と通じていたという。これを耳にした信長が家康に築山殿と信康の処分を命じると、家康は信長に従って築山殿を処刑し、信康を切腹させたのである。

事件の発端は、信康の嫁・徳姫の愚痴にあった。

徳姫は姑である築山殿との関係がうまくいっていなかったらしく、その愚痴を十二カ条にまとめた手紙を父の信長に送った。

手紙には信康が武田家臣の娘を側室にしていること、築山殿が怪しげな医師と密通していることなど、築山殿と信康の悪口がつづられていた。そして、そのなかに二人が武田勝頼に内通していることも含まれていた。

信長は家康の重臣・酒井忠次《ただつぐ》に手紙を見せ、真偽を問いただした。すると十二カ条のうち十カ条までが真実だとの返答があったため、家康に二人の処刑を命じたのだ。

以上が事件の経緯だが、これには以前から疑惑がつきまとっている。内通の罪状はでっちあげであり、築山殿と信康は無実の罪で処刑されたのではないかというのだ。

◇家康は、本当は二人を殺したくなかった!?

家康にも二人の処刑をためらっていたふしがある。

築山殿は天正七（一五七九）年八月二十九日、家康に命じられた家臣の野中重政《しげまさ》によって小藪《こやぶ》村で処刑された。しかし、家康は重政の報告を聞いて、「女の身だから殺さずに逃がせばよかったのに」と述べ、重政は家康の怒りを恐れて蟄居《ちつきょ》したという。

一方、信康は、二俣《ふたまた》城に置かれて監視され、同年九月十五日に切腹させられたが、このことについて『改正三河後風土記《かいせいみかわごふどき》』は、「家康は監視役の二俣城主・大久保忠世《ただよ》がひそかに信康を逃がすことを期待していた。だが、忠世は家康の心中を察することなく、監視を緩めなかった」と記している。

こうして見ると、**家康は本当は二人を助けたかった**ように思われる。

また、信長の娘・徳姫が書いたとされる手紙にも不自然な点がある。

築山殿の伯父にあたる今川義元は、織田信長に敗れて死んだ。さらに家康が信長と軍事同盟を結ぶと、義元の子の氏真《うじざね》が家康の裏切りを怒り、築山殿の実父・関口義広を切腹させている。

だから築山殿にとっては、義元を殺した信長も父を死に追いやった家康も、決して許すことのできない存在だった。当然、徳姫が信康の嫁になったことも気に食わず、その感情が嫁いびりにつながったと見られている。

しかし、徳姫と信康は仲睦まじい間柄であり、決して冷えきった関係ではなかったといわれている。したがって、築山殿の悪口を訴えたとしても、自分の夫まで貶《おとし》めるようなまねをするとは考えにくいのだ。

◇信長の思惑――「将来、徳川は天下取りの邪魔になる」

徳姫の十二カ条の罪状については、一説には**別の人物が創作**したのではないかともいわれている。徳姫が信長に訴えたかったのは、側室をもつことを承諾した信康への愚痴と、それを勧めた築山殿の悪口くらい。それ以外の罪状については、ほかの誰かが書いた可能性があるというのだ。

それが誰の仕業かは、はっきりしない。だが、黒幕と考えられている人物はいる。**織田信長**である。

当時、信長は家康と軍事同盟を結んでいたが、将来、徳川氏が天下取りの邪魔になることを恐れていた。

特に家康の嫡男・信康は、自分の嫡男の信忠《のぶただ》よりはるかに優秀であったので、「この先、信忠が信康に滅ぼされるのではないか」と考えたのだ。そこで謀略を企てて、信康を亡き者にしたというのである。

また、**家康がどこまで服従するかを試した**という説もある。

当時の家康には、信長の命に背く力はなかった。背けば戦になって徳川家が滅びるのは間違いない。そのため断腸の思いで信長の命に従い、自らの正室と息子を殺したというのだ。

はたして築山殿と信康は、信長の巧みな陰謀の犠牲になった悲劇の人物であったのだろうか。答えは謎のままである。

策略の応酬！「薬子の変」を最後に制したのは？

藤原氏興隆の基礎を築いた藤原不比等《ふひと》。彼には四人の息子がおり、彼らがそれぞれ**南家《なんけ》**、**北家《ほっけ》**、**式家《しきけ》**、**京家《きょうけ》**の藤原四家《しけ》の祖となった。京家は早くから不振だったが、残る三家は同族でありながら激しい勢力争いを展開していた。

そうしたなか、式家の藤原種継の娘・**薬子《くすこ》**が兄の藤原仲成《なかなり》とともにある事件を起こし、大きな問題へと発展することになった。その事件こそが「**薬子の変**」である。

薬子と仲成は、いったいどんな陰謀を企てたのか。

平安京を造営した桓武天皇が延暦二十五（八〇六）年に崩御すると、皇太子の安殿《あての》親王《みこ》が即位し、平城《へいぜい》天皇となった。この平城天皇が皇太子だった時代に、薬子は自分の長女を嫁がせたのだが、親王が気に入ったのは薬子のほうだった。

親王は平城天皇となってからも薬子を寵愛。兄の仲成まで贔屓《ひいき》にされて参議（大・中納言に次ぐ要職）に出世するなど、式家は勢力を伸ばしていく。

大同二（八〇七）年には、式家がますます発展するきっかけとなる事件が起こる。平城天皇の異母弟・伊予親王《いよのみこ》とその母の藤原吉子《よしこ》（南家出身）が、天皇の座を狙っているという謀反の罪で捕らえられ幽閉された。伊予親王は無実を訴えたが、天皇は許さず、ついに二人は服毒自殺に追い込まれた。

藤原吉子の兄で大納言の藤原雄友《おとも》も流罪にされ、ここに南家の権勢は後退する。また、事件の背後で暗躍した北家の藤原宗成《むねなり》も流罪になり、北家も大きな打撃を受けた。この式家の謀略とされている事件によって、**式家は大きく前進**したのである。

◇地位を奪われた薬子の〝起死回生の一手〟とは？

かくして一気に勢力を伸長した式家だったが、その権勢も長くは続かなかった。

大同四（八〇九）年、平城天皇は病が重くなったため、皇太子の神野親王《かみのみこ》に譲位し

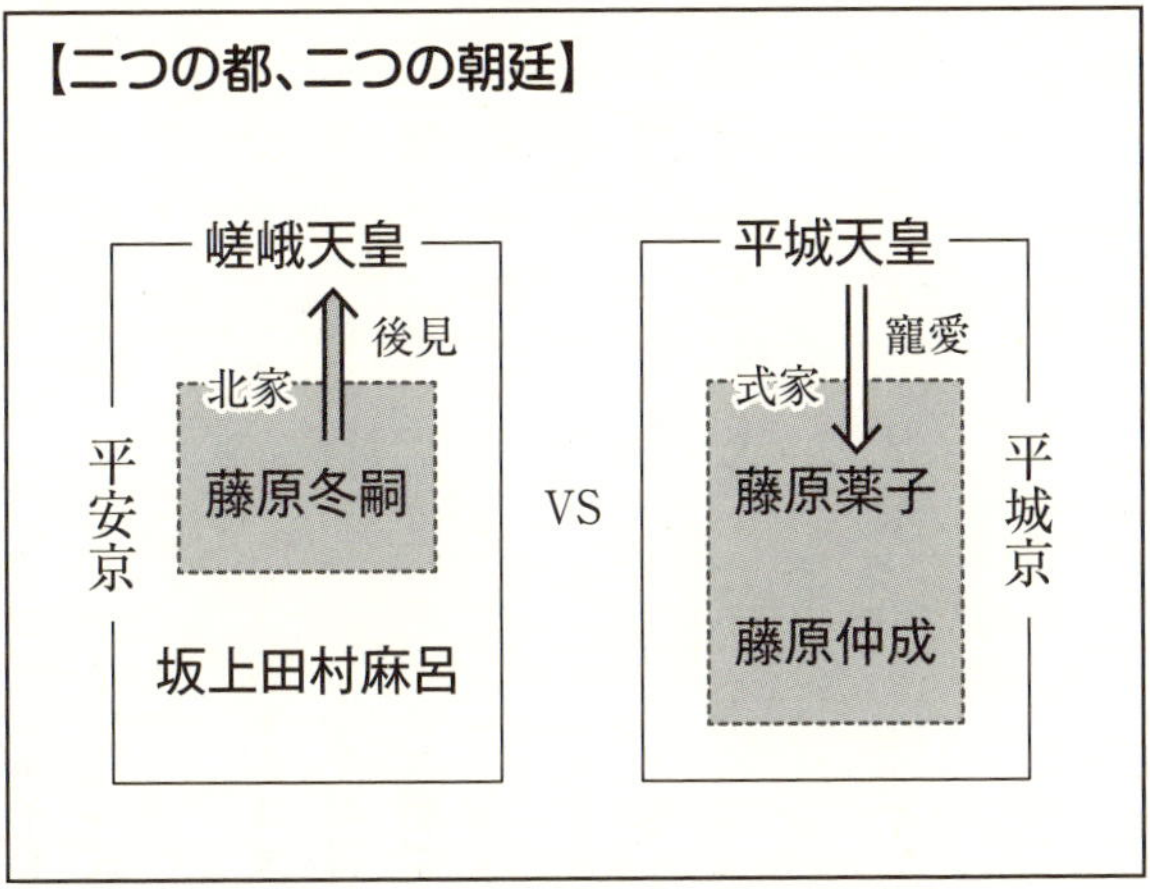

た。これにより誕生した嵯峨《さが》天皇の後見人は、北家出身の藤原冬嗣《ふゆつぐ》だった。ここに式家にかわって北家の権力が強まることになったのである。

しかし、これで大人しくおさまっている薬子ではなかった。病のため譲位して上皇となった平城上皇は、病気治癒のために旧都の平城京に移ることを決める。

このとき薬子は、上皇に権勢を取り戻させることで式家のさらなる繁栄を目論み、上皇を操りはじめたのである。

平城上皇も病が快方に向かうにつれて政務に意欲を見せはじめ、大同五（八一〇）年に都を平安京から平城京に遷すよう命じた。こうして日本には、嵯峨天皇の平安京と平城上皇の平城京という二つの朝廷が生まれ、「**二所朝廷**」と呼ばれる状況になってしまったのである。これも裏で糸を引いていたのは薬子だとされている。

この薬子の横暴に対し、嵯峨天皇側は藤原冬嗣に命じて軍備を整え、冬嗣や坂上《さかのうえの》田村麻呂《たむらまろ》を平城京に派遣。さらに平安京で仲成を逮捕し処刑した。

これに激怒した上皇は、薬子とともに東国に向かって兵を集めたが、途中の大和国で天皇方の兵に捕らえられて平城京にあっけなく連れ戻された。

上皇は剃髪して仏門に入ったが、薬子はここに及んで自分の命運は尽きたと悟り、**自ら毒をあおいで自害**したのである。

結局、この事件によって式家は衰退し、北家の天下となった。北家の冬嗣が嵯峨天皇に入れ知恵し、上皇側と式家を陥れたとも考えられている。

5章

日本の行く末を左右した〝恐るべき陰謀〟の数々！

〝すべてを手にした男〟足利義満が最後に望んだものは？

鎌倉時代以降、武士が政権を握ると、日本の最高権力者は「将軍」（征夷大将軍）となった。だが、朝廷には「天皇」という権威の象徴が存在しており、いくら将軍といえども身分では下とされていた。

この天皇の地位を狙っていたとされる武士がいる。室町幕府の**三代将軍・足利義満**である。

義満は初代将軍・足利尊氏《たかうじ》の孫。地方で大きな勢力を誇っていた守護大名を弾圧して幕府の力を高め、南朝と北朝に分かれていた朝廷を再び統一した。

また、大国・明との貿易を開始し、莫大な利益を上げるようになったのも義満の時代だった。文化面では京都に鹿苑寺《ろくおんじ》（金閣）を築いたことでも知られている。

こうして見ると、義満がいかに優れた統治者だったかよくわかるが、一方で、相当な野心家でもあったらしい。

そもそも神代から現代に至るまで、日本では約百三十人が天皇の位についてきたが、皇族以外が皇位についた例はない。どんな権力者も朝廷を戴き、その権威を借りて天下をおさめようとした。しかし義満は、その**神聖なる天皇の位を自分のものにしようとしていた**ようなのだ。

◇義満に流れる「皇族の血」とは？

義満が皇位を狙っていたとする「根拠」はいくつもある。

一つ目は、本来は天皇が取り仕切るべき朝議（朝廷での評議）への介入である。

義満は応永四（一三九七）年、京都北山の西園寺家の山荘を譲り受け、後水尾《ごみずのお》上皇の仙洞《せんとう》御所を模し、京都北山に北山第《きたやまだい》を造営した。北山第には金閣をはじめとする豪華絢爛な建物を配し、義満は死ぬまでここで政務を執った。

その間、義満は後円融《ごえんゆう》天皇を無視して朝議に介入し、天皇の官位任命権を奪ったり、皇位継承にも干渉するようになったのだ。

実は義満の母・紀良子《きのよしこ》は順徳天皇の子孫で、義満には皇族の血が流れていた。当時の後円融天皇とは従兄弟の関係で同年代でもあったから、天皇家へのコンプレックスはなかったものと見られている。

さらに義満は、後円融天皇が後小松《ごこまつ》天皇に譲位して上皇となると、改元に当たり「嘉慶《かきよう》」という元号を選んで上皇に認めさせたり、上皇が行なう拝賀《はいが》奏慶《そうけい》という儀礼も執り行なっている。これは**上皇をも配下においた振る舞い**だった。

◇明の皇帝から得た「日本国王」の称号

二つ目の根拠としては、明の皇帝と交わした国書が挙げられる。

応永八（一四〇一）年、義満は、元寇以来途絶えていた中国との国交を回復させるため、明に使節を送った。使節には建文帝《けんぶんてい》に宛てた国書がもたされたが、その名義は「日本准三后《じゆさんごう》道義」となっていた。

義満の栄華を象徴する金閣寺
（写真提供：共同通信社）

「准三后」とは、太皇太后、皇太后、皇后に次ぐ位である。

義満は自らを皇族と肩を並べているかのように称していたのだ。

義満がこの国書を建文帝に送ったのは、義満が天皇になったとき、建文帝にその地位を認めさせるためと見られている。

結果的に、その計略は成功した。翌年、建文帝からは「**日本国王源道義**」と書かれた返書が届いた。

「源道義」とは「日本国王であるところの足利義満」を意味する。つまり、明の皇帝は義満を「日本国王」と認めたのである。

三つ目の根拠は、次男を天皇にしようと企てたことだ。

義満には義嗣《よしつぐ》という息子がいたが、義嗣を天皇にして、そのうえで兄の義持《よしもち》に将軍職を継がせれば、兄弟で権力を独占できると考えたようだ。実際、義嗣を皇位継承者にするために宮中に赴かせ、応永十五（一四〇八）年に天皇の前で元服式を行なった。

かくして義満の計略は順調に進んでいき、残るは義嗣への天皇の譲位だけとなった。ところが、元服式のわずか三日後、義満は突然の病に倒れ、あっけなく没してしまう。「治天の君」の位を目前にしながら、その野望を果たせずに逝った義満。**あまりにもあっけない幕切れ**には、暗殺されたのでは、という疑惑も浮上している。

◇〝天皇の位〟にこだわった理由は『古事記』にあった⁉

しかしながら、なぜ義満はそんなにも皇位にこだわったのだろうか。

一説によると、義満は「**百王説**」という考えに影響されていたのではないかといわれている。

百王説とは、「天皇家は百代で途絶える」という伝承で、『古事記』の「百《もも》の王《きみ》、相続《つ》ぎ、剣《つるぎ》を喫《か》み、蛇《おろち》を切りて、万《よろず》ノ神、蕃息《うまは》り給ひ」という記述に由来する。

では、その百代目とは誰だったのかというと、後円融天皇の次の後小松天皇だったのだ。このことから、義満はそれに取って代わろうとしたのだろうと見られている。

『古事記』の伝承をなぞる形で、天皇の地位を奪おうとした義満。日本の権力のすべてを手に入れようとしたという意味で、日本史上最大の野心家だといえるだろう。

日露戦争勝利に暗躍した「一個師団一万人にも匹敵する」男とは？

兵力差約二倍、国力差約八倍――。

世界広しといえども、これだけ差がある国と戦争をして、勝てる国はまずないだろう。ところが、明治三十七（一九〇四）年の**日露戦争**において、日本はそれをやってのけたのである。

当時の日本は、ようやく国際社会に認められはじめた新興の小国にすぎなかった。一方ロシアは、広大な国土を有するヨーロッパ屈指の大国だった。朝鮮半島や中国での権益を求める日本と、南下政策を進めるロシア。両国の国益は当然のように対立し、戦争は不可避となった。

誰もがロシアの圧倒的優位と予想した。しかし、ふたを開けてみれば、日本は日本海海戦でロシアのバルチック艦隊を撃破するなど大健闘。結局、**戦争は日本の勝利で**

終わったのである。

鎖国を解いて半世紀も経たない日本が、いったいなぜロシアという強国に勝つことができたのだろうか。

◇なぜ〝圧倒的な戦力差〟を覆せたのか？

日本の勝利の要因はいくつかある。まず、国内での富国強兵政策により、軍隊の質が非常に高かった。明治政府樹立から四十年弱の間に、世界のどの国と比べても遜色のない軍隊をつくり上げていたのである。

また、圧倒的な戦力差のあるロシアに対して「速戦即決」、つまり短期決戦で臨んだことも大きかった。ロシアが軍事力を極東に集める前に攻撃し、早期講和に持ち込むという戦略が功を奏したのである。

さらに、ロシア国内が政情不安になったことも勝因の一つである。社会主義革命の機運が高まり、首都サンクトペテルブルクで政府当局による労働者虐殺事件（「血の日曜日事件」）が起こるなど、政治が不安定になっていたのだ。

こうした要因が重なって、日本はロシアに奇跡的に勝ったわけだが、もう一つ重要な勝因がある。それは**明石元二郎**《あかしもとじろう》という人物の存在だ。

◇ロシアを「内部崩壊」させるべく暗躍した「知られざるヒーロー」

明石は明治・大正期の陸軍軍人。日露戦争では表舞台には登場しないが、ロシア公使館付の駐在武官として諜報活動に従事し、ロシアの革命運動を煽動していた。のちに「**戦場での一個師団一万人にも匹敵する**」と評されるほどの大活躍を見せたのである。

明治三十五（一九〇二）年、ロシア公使館付でサンクトペテルブルクに赴任していた明石は、参謀本部から**ロシア本国を混乱させるための謀略工作**を命じられる。明石はドイツ語、フランス語、英語を駆使して情報収集にあたり、それを日本に送った。

当時、ロシアの国民は皇帝の圧政のために生活が困窮し、不満を募らせていた。文化人や学生を中心に、政府と軍部に対する怒りが限界に達していたのである。また、ロシアに侵略されたポーランド、フィンランド、コーカサス諸国などが独立の機会を狙っていた。

明石は情報収集を進めるうちに、ロシアに勝つには、これらの反政府活動、独立運動をうまく利用すればよいと判断するに至る。

明石は日露戦争がはじまるとスウェーデンに移り、ストックホルムを拠点に行動を開始。ヨーロッパ各地の反帝政ロシア勢力に接触し、資金援助を行ないながら革命工作を推進した。

明石の活動範囲はヨーロッパ全土にわたり、スイスのジュネーブに潜伏していた**レーニンとも面会していた**といわれている。そうした明石のはたらきが実を結び、ロシア国内では帝政の廃止、立憲体制と自由主義への移行を求める学生のデモや、労働者のストライキの頻度が増していった。

◎“革命工作”で「血の日曜日事件」が勃発！

次いで明石は明治三十七（一九〇四）年十月、ヨーロッパ各地をまわって反ロシア政府勢力を集め、パリで連合会議を開催した。これにより、各地の反政府勢力の活動が一本化され資金分配がなされると、ロシア各地で軍隊の出征妨害、反戦デモや要人の暗殺が相次ぐなど、社会不安が拡大した。

明治三十八（一九〇五）年一月二十二日には、「血の日曜日事件」が勃発。数万人の民衆が皇帝に労働条件の改善、帝政廃止、戦争終結の請願をするために宮殿に向けてデモ行進を開始したのだ。ロシア政府は軍隊を動員して鎮圧にかかったが、押さえ込むことができない。数万人のデモ隊は宮殿前広場まで来たところで、軍隊の発砲によって粉砕され、多数の犠牲者を出す大惨劇となった。

皇帝に救いを求めて集まった人々を軍隊が射殺するという事件は、たちまちロシア全土を揺るがし、ストライキがますます拡大、体制批判もいたるところで起こった。

こうした状況で戦争を継続することは困難だと判断したロシア政府は、日本が提案した講和条件に同意し、ポーツマス条約を締結する。ここに日本の戦勝が確定したのである。

新興の小国・日本が大国・ロシアに勝った背景には、明石元二郎の革命工作があった。あまり知られていないが、日露戦争での勝利は彼がいてこそのものだったのだ。

西郷隆盛を西南戦争に踏み切らせた「大久保利通の罠」

西郷隆盛は木戸孝允《きどたかよし》、大久保利通《としみち》とともに「**維新の三傑**」と呼ばれている。討幕・維新に尽力し、日本を新たな時代に導いた立役者だからだ。ふくよかな輪郭に太い眉、そして鋭い眼光をたたえながら、どこか優しげな眼差しをもつ西郷の肖像画は、日本人には非常になじみ深い。

その西郷は、明治十（一八七七）年に近代日本史上最大の内戦を起こしている。**西南戦争**だ。西郷の郷里の鹿児島士族（かつて武士階級だった人々）が西郷をリーダーとして担ぎ出し、政府軍と一戦交えることになったのである。

だが、**西郷には決起する気など、もともとなかった**とされている。

当時、日本では政府の政策によって特権を奪われ、不満を爆発させた士族たちが次々と反乱を起こしていたが、西郷は動こうとしなかった。長州出身の桂太郎《かつらたろう》に宛てて、「鹿児島の者たちが決起をうるさく主張し、おさえるのが大変だから、私は鹿児島には戻らない」といった内容の手紙を書いていることからも、彼に加担するつもりがなかったことは明白である。

ところが、西郷は最終的に腰を上げた。明治十（一八七七）年二月十五日、挙兵に踏み切り、九州各地で奮戦したものの、九月に政府軍の総攻撃で負傷。そして西郷が自刃すると、西郷軍は崩壊に陥り、西南戦争は終結した。

これ以後、武力で政府に対抗しようとする者はいなくなり、幕末から続いた激動の明治維新は終焉を迎えた。

しかしなぜ、当初は挙兵の意志を示さなかった西郷が突然、態度を変えたのだろうか。

実は西郷は、自らの意志で挙兵したのではなかった。**政府の謀略にうまくはめられた結果、挙兵に至った**とされているのである。

◇西郷が「挙兵せざるを得なくなった」理由とは？

鹿児島には、士族階級の教育のために設立された私学校があった。明治六（一八七三）年に政府内での政争に敗れた西郷が鹿児島に帰ってつくった施設で、はじめは八百人からスタートしたが、まもなく彼を慕う人々が殺到、ついには分校が百三十以上も設立され、在籍者は三万人に膨れ上がった。

やがて私学校の出身者の多くが県職員や警察官などに採用され、要職を占めるようになると、鹿児島県は政府の通達や命令をほとんど無視。私学校は軍隊のような様相を呈しはじめ、あたかも**西郷の独立国のような状態**となっていった。

この状況を打破するため、大久保利通を中心とする政府は策を練る。

まず明治十（一八七七）年一月、鹿児島出身の警察官ら二十三人をスパイとして潜入させた。彼らの任務は、敵情視察と私学校の内部分裂を工作することだった。しかし、この作戦はすぐに私学校側にばれてしまい、捕らえられたスパイは西郷の暗殺計画を自白した。

さらに同じ頃、政府は鹿児島県の陸軍火薬庫が私学校に襲われることを恐れ、弾薬の移動を計画。汽船を派遣して、県内各地の武器弾薬庫から次々と銃器や弾薬を運び出した。

これを知った私学校側は、自分たちから政府が武器を奪おうとしていると激怒。陸軍の武器弾薬庫や海軍造船所を襲撃し、銃器や弾薬を略奪したのである。

陸軍の施設を襲うことは国家への反逆を意味するので、私学校は後戻りできなくなった。このとき大隅山《おおすみやま》で狩猟に興じていた西郷は、知らせを受けて「しまった！」と叫び、もはや挙兵以外に道はないと悟ったといわれている。

◎すべては〝政府の思惑〟通りだった!?

つまり西郷は、私学校の生徒に背中を押されて挙兵したわけだが、西郷の挙兵にはさらに裏がある。**一連の事件は、すべて政府が仕組んだもの**だったといわれているのだ。

たとえば、潜入したスパイは私学校を挑発する目的で派遣されたのであり、捕まって西郷暗殺計画を自白するのも、予定通りの行動だった可能性がある。また、銃器や弾薬を移動するのも私学校を挑発するためだったのではないかという。

実際、大久保利通は私学校生徒の武器弾薬庫襲撃事件について、「これで正々堂々、その罪を責めて鹿児島を討てる」と腹心の伊藤博文に手紙を出している。

政府にとって、戊辰《ぼしん》戦争で最強と謳われた鹿児島士族はもっとも警戒すべき相手。政府を樹立した当初の軍事力では太刀打ちできそうになかったが、徴兵制度を敷き、近代的常備軍を創設したことで、ようやく鹿児島士族に勝てるチャンスが生まれた。政府は目障りな薩摩を討つチャンスをいまかいまかと待っていたが、西郷はなかなか動かない。そこで自ら挑発行為に出たというのである。

もしこの説が真実で、西南戦争が武士の時代を完全に終わらせるために政府が仕組んだ陰謀だったとしたら……。西郷は時代によって抹殺された悲運な犠牲者だったといえよう。

空からお札が降ってきた！「ええじゃないか」騒動の〝真相〟

伊勢神宮のお札《ふだ》が空から降ってきて、民衆は狂喜乱舞。白粉や墨を顔に塗り、派手な仮装をした人々が「**ええじゃないか、ええじゃないか**」と歌いながら列を組んで踊り歩く――。

こうした珍妙な騒動が、幕末の混乱期に東海道から近畿地方で起こった。空からの落下物の種類は次第に増え、伊勢神宮のほか、秋葉大権現、春日、八幡、稲荷、住吉、天神、水天宮、大黒天といった神仏のお札、仏像や仏画、小判なども降った。生首や手足、なんと美女が降ったことさえあったという。

この「ええじゃないか」騒動はあまりに多くの謎に包まれている。どのような経緯ではじまったのか、騒動が各地に拡大した理由は、など不明な点ばかり。はじめは伊勢神宮のお札が空から降ってきたのをきっかけに三河地方で起こったと伝わるくらいで、その他の真相はまるでわかっていないのである。

◇騒動は〝起こるべくして〟起こった!?

一般的には、幕末の混乱期の不安定な世相を背景に、民衆が**抑圧されたエネルギーを発散**させるために起こしたものと考えられている。

当時、日本は鎖国か開国か、幕藩体制を続けるかどうかといった問題で大いに揺れており、政情は極めて不安定だった。また、凶作や飢饉、米価の高騰による貧困、安政二（一八五五）年に起こったマグニチュード八レベルの巨大地震などに対して、幕府は有効な策をとれずにいた。民衆の抑圧状況は、もはや限界に達していたのである。

そのため、民衆は富裕な米屋、酒屋、質屋などを襲撃し、米や金銀を略奪。そうした暴動が「ええじゃないか」の民衆運動に引き継がれたのではないかといわれている。

しかし、この説では空からお札や仏像が降ってきたという現象を説明できず、謎の解決には至らない。

◇"討幕派の志士"が幕府の目をくらますために民衆を煽動していた⁉

別の説では、それ以前にブームとなった伊勢神宮参詣の「**お蔭参り**」が形を変えたものと推察している。

お蔭参りとは、庶民が奉公先から抜け出して伊勢参りに出かけた現象をさす。慶安三（一六五〇）年、宝永二（一七〇五）年、明和八（一七七一）年、天保元（一八三〇）年と、約六十年周期で自然発生的なブームとなり、世間を驚かせた。

お蔭参りでも、二～三百万人もの民衆が派手に着飾り、歌い踊りながら伊勢に向かったとされる。ええじゃないか騒動によく似ているといえるだろう。だが、ええじゃないか騒動が発生したのは六十年周期に該当しないため、この説にも疑問符がつく。

そこで浮上してくるのが、**討幕派の志士たちによる煽動説だ**。

幕末の日本では討幕運動が加速していた。そうしたなかで盛り上がる民衆間の騒動は、志士たちにとって非常に都合がよかった。騒ぎの影に隠れて行動することができ、自分たちが事件を起こしたとしても、うやむやにできるからである。

空からお札や仏像が降ってくる現象も、民衆を煽るために志士たちが何らかの方法で行なったものと考えればつじつまが合う。

この説を裏づけるのが、京都で起きたええじゃないか騒動だ。

京都では慶応三（一八六七）年十月から十二月まで「ええじゃないか」が大流行したが、この時期に討幕派は幕府に対して大政奉還（政権を朝廷に返還すること）を要求している。そして十五代将軍・徳川慶喜《よしのぶ》が大政奉還を行ない、王政復古の大号令が下ると、そのとたんに「ええじゃないか」騒動はぴたっとやんだのである。

また、討幕派の志士たちは頻繁に江戸に上ろうとしたが、幕府の目を盗んで移動するのは容易ではなかった。そこで民衆が乱舞する踊りの列に紛れ込んで移動する作戦をとったというのである。

全国的な大騒動の糸を引いたのは、本当に討幕派だったのか。いまだ結論は出ないが、関係性を裏づけるものがあるのは確かだ。謎の解明が待たれる。

新撰組が「池田屋事件」で食い止めた尊攘派の巨大な陰謀とは？

幕末の京都は混乱していた。幕府の独裁体制を打倒しようとする**討幕派**、幕府に忠節を尽くそうとする**佐幕派**、外国勢力を撃退し天皇を守ろうとする**尊攘派**の志士たちが各地から集まり、一触即発の状態になっていた。

そうしたなか、元治元（一八六四）年六月五日に京都三条木屋町で驚愕の殺戮事件が発生する。**池田屋**という旅館に集まっていた土佐藩、長州藩の尊攘派の志士二十数人のなかに、近藤勇《いさみ》率いる**新撰組**が斬り込んだのだ。

新撰組とは、京都守護職を務める会津藩主・松平容保《かたもり》のもとで京都の治安維持、特に尊攘派志士の弾圧にあたっていた浪士隊のこと。近藤のほか、土方歳三《ひじかたとしぞう》、斎藤一《はじめ》、沖田総司ら、現代にも名を残す達人が揃った剣客集団であった。新撰組はこの池田屋事件で約十人を討ち取り、二十人以上を捕縛。一気に歴史の表舞台に躍り出た。

しかしながら、尊攘派の志士たちは、なぜこの日池田屋に集まっていたのか。実は、彼らは大規模なクーデター計画を練っていたのである。

◇なぜ、長州藩の志士たちは池田屋に集まっていた？

もともと長州藩は、京都で活動していた尊攘派の急先鋒として知られており、朝廷内の実権までも掌握。

池田屋事件の前年には外国船砲撃事件を引き起こし、一気に討幕・王政復古に突き進もうと画策していた。

しかし、この計画は失敗に終わる。薩摩

藩・会津藩を中心とする公武合体派が中川宮朝彦親王を担ぎ上げて巻き返しをはかったため、長州藩と急進派の公家は京都から追放されてしまったのである。

この「八月十八日の政変」によって、長州藩はもとより、長州藩以外の尊攘派の志士たちも大きな打撃を受けた。彼らは長州藩という後ろ盾と資金源がなくなったことで活動ができなくなってしまったのだ。

それでも尊攘派の志士たちの野望はついえていなかった。**起死回生を狙って、新たなクーデターを計画**していたのである。

クーデターの内容は次のようなものだった。まず京都の街と御所に火を放ち、その混乱に乗じて中川宮朝彦親王を幽閉、徳川慶喜と松平容保を斬殺する。そして孝明天皇を長州に連れ去ろうというのである。

◇なぜ長州藩の〝クーデター計画〟は事前に発覚した？

しかし、長州藩のクーデター計画は事前に発覚してしまう。元治元（一八六四）年四月二十二日、新撰組が京都で不審な侍風の男を捕縛し拷問にかけたところ、自分は長州藩の門番であり、京都に長州藩の人間が多数潜伏しているということを白状した。

次いで五月、新撰組は四条小橋の西の薪炭商・古高俊太郎《こたかしゅんたろう》が大量の武器や火薬を集め、長州藩と書簡を交わしていたのを発見。古高を拷問にかけ、クーデターの存在を自白させた。

古高が逮捕されたことを知った尊攘派の志士たちは、クーデターを実施するかどうかを協議するため、六月五日にアジトである池田屋に集まった。しかし、その場を新撰組に襲撃され、一網打尽にされてしまったのである。

かくして新撰組はクーデターを阻止し名を上げた。その一方、長州藩と尊攘派はますます立場を苦しくしたが、多くの同志を殺害されたことに憤り、尊攘運動を激化させていったのである。

蘇我氏vs物部氏——馬子は守屋より何が上手だったか

六世紀後半、近畿地方の豪族が連合を組み、ようやく国家の枠組みを形成しはじめた頃。政府である大和朝廷内部では、壮絶な権力争いが繰り広げられていた。

対立したのは、大連《おおむらじ》・**物部氏**《もののべ》と大臣《おおおみ》・**蘇我氏**《そが》である。

物部氏は軍事・警察権を管轄し、神事にも深くかかわる名門の氏族で、大和朝廷における守旧門閥派の代表格だった。一方、蘇我氏は財務・外交関係を掌握する新興の氏族。中国や朝鮮半島から日本に移住してきた渡来人との関係が密だったことから、大陸文化の導入にも積極的な姿勢を示していた。

これまで、両氏が対立した原因は、仏教の受け入れに反対する物部氏と賛成する蘇我氏という、**仏教の受容問題**だとされてきた。しかし近年の研究により、その実態は

朝廷の実権をめぐる権力闘争だったとの意見が有力になっている。

◇馬子の〝権力掌握の秘策〟は根回しだった！

敏達十四（五八五）年、敏達《びだつ》天皇が崩御すると、物部・蘇我両氏の対立が本格化しはじめる。葬礼の席では、蘇我氏の首領である馬子《うまこ》と物部氏の首領である守屋《もりや》が罵り合う事態にまで発展。

さらに敏達天皇の後継となった用明《ようめい》天皇が用明二（五八七）年に即位からわずか二年で病に伏すと、朝廷内では派閥に分かれた後継者争いが激化した。

このとき次期天皇候補の地位には、敏達天皇の子である押坂彦人大兄皇子《おしさかのひこひとのおおえのみこ》がすでについていた。

しかし、朝廷の重鎮である守屋は、同じ崇仏派の豪族・中臣勝海《なかとみのかつみ》らとともに用明天皇の異母弟・穴穂部皇子《あなほべのみこ》を次期天皇に推した。一方、新興豪族の蘇我馬子は、穴穂部皇子の弟・泊瀬部皇子《はつせべのみこ》（のちの崇峻《すしゅん》天皇）を次期天皇に擁立しようと目論んでいた。

先に動いたのは馬子で、彼は穴穂部皇子に近づいた。これに激怒した守屋が中臣勝海とともに穴穂部皇子擁立派から押坂彦人大兄皇子擁立派へ転じると、馬子は大胆な行動に出る。接近をはかっていた穴穂部皇子を、馬子自身が暗殺してしまったのだ。穴穂部皇子は依然として守屋と深い関係にあったので、再び二人に組まれることを警戒したものと考えられている。

次いで、馬子は諸皇子や群臣らに守屋打倒計画を持ちかけた。さらに他の豪族たちも自分の派閥に引き入れ、守屋を次第に孤立させていった。この馬子の根回し策は功を奏し、**有力豪族のほとんどが馬子のもとに集まる**ことになった。

◇蘇我軍と物部軍の「圧倒的な戦力差」!

かくして十分な戦力を得た馬子は、いよいよ軍事行動を起こす。用明二(五八七)年七月、蘇我軍は二軍編成で河内国《かわちのくに》(現・大阪府)渋川の守屋邸を取り囲んだ。

第一軍は馬子をはじめ泊瀬部皇子、竹田皇子、難波皇子、春日皇子、聖徳太子、紀《きの》男麻呂、巨勢比良夫、膳傾子、葛城烏那羅。さらに第二軍として大伴氏、阿倍氏、平群《へぐり》氏らの有力豪族が駆けつけた。

これに対し、守屋は孤立無援。それでも軍事・警察権をつかさどる名門の豪族だけあって、守屋はよく奮戦した。押し寄せる大軍を前に、決して引くことなく戦った。

しかし、いかんせん多勢に無勢で、戦局は蘇我軍の優位に展開。**最後は守屋が矢に射られ、蘇我軍の勝利に終わった**のである。これにより物部氏本家は滅亡し、蘇我氏が朝廷を牛耳ることになった。

崇仏論争に端を発する蘇我氏と物部氏の権力闘争は、根回しをはじめとする頭脳戦に秀でた馬子の勝利で幕を閉じた。まっすぐ正攻法で攻めた守屋との差は、知略の有無にあったのである。

九州の豪族が行なった日本初の〝戦争ビジネス〟とは？

近年、中東などで内戦や紛争が頻発しているが、それにともない戦争ビジネスが興隆を極めている。これまで国の軍隊が担ってきた戦場での任務を民間企業が代行するようになってきているのだ。

こうした戦争ビジネスが、古代日本でも行なわれていた可能性がある。**筑紫国造**《つくしのくにのみやつこ》**・磐井**《いわい》が日本人の傭兵を雇い、朝鮮半島へ派遣していたのではないかという説が囁かれているのである。

この謎の真偽を探るには、まず「**磐井の乱**」を知っておかなくてはならない。

四世紀半ば、大和朝廷は国内情勢が安定したことを受けて、朝鮮半島への進出に乗り出した。そして任那《みまな》日本府を拠点に、半島での勢力確保に成功していた。だが六世紀になると、新羅《しらぎ》が勢力を拡大してきて任那が陥落の危機にさらされる。そこで大和朝廷は継体二十一（五二七）年、新羅の侵略を阻止するために近江毛野《おうみのけの》を将軍とする六万もの軍隊を組織し、朝鮮半島に派遣した。

ところが、朝廷軍は海を渡る前に、大きなトラブルに直面する。軍勢が九州に到着すると、筑紫国造・磐井が行く手を阻んだのだ。

磐井は筑紫のほか火国《ひのくに》（のちの肥前・肥後）、豊国《とよのくに》（のちの豊前・豊後）の勢力を集め、九州のほとんどの兵力を動員していたから、朝廷軍との衝突は大規模な乱に発展した。

この乱を平定するため、継体《けいたい》天皇は軍事に優れた大連《おおむらじ》・物部麁鹿火《もののべのあらかひ》に磐井追討を命令。しかし、麁鹿火をもってしてもすぐには平定できず、磐井を敗るまでになんと一年半もの時間を要した。

これが『日本書紀』が記す磐井の乱の顚末である。しかしながら、なぜ磐井は朝廷軍の進軍を阻んだのだろうか。

◇朝廷の朝鮮出兵を阻んだ磐井の真意は？

その理由は、統一国家作りを進める大和朝廷に反抗するためだと長年考えられてきた。つまり、磐井は大和朝廷に従わない地方の有力豪族で、磐井の乱は大和朝廷に対する磐井の反乱だったというのである。

一方、朝鮮半島における磐井の権益が脅かされたから大和朝廷に反旗を翻したのではないか、という説もある。この朝鮮半島における権益というのが、冒頭に挙げた磐井の戦争ビジネスによる利権である。

磐井をはじめとする筑紫地方の一族は、五世紀後半の雄略《ゆうりゃく》天皇の時代から数十年にわたって、九州北部のリーダー的地位にあり、大和朝廷に従おうとする姿勢を見せなかった。

そんななか、朝鮮半島で混乱が起こる。百済《くだら》と加羅《から》諸国の対立が激化したのだ。ただ、百済は北方に高句麗《こうくり》が控えていたため、加羅方面に大きな軍勢を割けなかった。

一方、加羅諸国はもともと小国の集まりだったため、軍隊は弱かった。

この朝鮮半島情勢に目をつけたのが磐井だった。**磐井が集めた九州の兵士を、百済と加羅諸国は傭兵として雇い、最前線に派遣**した。かくして戦争ビジネスのモデルが出来上がり、磐井は大きな利益を得ていたというのである。

せっかく築き上げた「戦争ビジネス」が大和朝廷の朝鮮出兵によってつぶされてはかなわない――。そうした理由で、磐井は朝廷に反乱を起こしたと考えられている。

真偽のほどは不明だが、事実であれば、磐井は現代の「戦争ビジネス」をずいぶん先取りしていたことになる。

たった五十三日で桂内閣総辞職――「大正政変」を仕組んだのは誰か？

大正時代は十五年しか続かなかった。だが、その短期間で第一次世界大戦、米騒動、関東大震災など、国の内外を揺るがす事件がいくつも起こった。「**大正政変**」もまた、そうした事件の一つに数えられる。

大正政変とは大正二（一九一三）年二月十一日、陸軍出身で長州閥の**桂太郎内閣**（第三次）が、民衆によって倒された事件のこと。この日、数万人もの民衆が国会議事堂前に集結し、桂に怒号を浴びせると、衆議院議長の大岡育造《いくぞう》が「このままでは内乱に発展しかねない」と桂に対して暗に辞職を促した。

これを受け、桂は内閣総辞職を決意。桂内閣は、**わずか五十三日という前代未聞の短命政権**に終わったのである。

この大正政変は高まる民衆の力を象徴する事件として知られている。だが実は、この事件の裏には、桂らと対立していた**西園寺公望**《さいおんじきんもち》**ら立憲政友会**の深謀遠慮があったといわれているのだ。

◇なぜ長州閥の桂太郎は民衆から嫌われたのか

そもそも大正政変の発端は、大正元（一九一二）年に西園寺公望を総理大臣とする内閣が総辞職に追い込まれたことにあった。

当時の日本経済は、日露戦争による不況を引きずっていた。輸入超過の状態が続いたうえ、日露戦争に要した費用を外債に頼ったせいで債務が膨らみ、その返済に追われていたのだ。

この厳しい財政状況を打破するため、首相の西園寺公望はあらゆる予算を大幅に縮小・削減する超緊縮財政の方針を決めたのだが、陸海軍はこれに大反発する。

とりわけ激しく反対したのが陸軍だった。陸軍は、ロシアや中国に備えるために朝鮮半島での二個師団の増設を求めたが、西園寺がこれに消極的だった。そこで上原勇作陸軍大臣は、大正天皇のもとに赴いて辞表を提出したのである。

西園寺は陸軍大臣の後任を出すよう要請したが、陸軍はこれを拒否した（陸軍のストライキ）。当時、陸海軍大臣は現役の大将・中将でなければならないという「軍部大臣現役武官制」が採用されていた。つまり、陸海軍の協力がなければ内閣を維持することはできず、結局、西園寺内閣は大正元（一九一二）年十二月に総辞職することになったのだ。

しかし、民衆の多くは西園寺と政友会を支持した。その理由は閥族、つまり明治維新を主導した薩摩藩、長州藩などが形成した派閥による政治支配に嫌気がさしていたからだ。

西園寺の後に首相に返り咲いた桂太郎は、先述の通り陸軍出身で長州閥。さらに桂は内大臣兼侍従長として宮中にあり、宮中と政治の別を乱す存在とも見られていたため、民衆は立憲制を守ろうとする西園寺と政友会を支持したのである。

◇凄まじい〝盛り上がり〟を見せた西園寺公望の煽動活動

こうした民衆の力を背景に政友会は勢いを得て、最終的には桂内閣を退陣に追い込んだ。だが、このとき西園寺らの立憲政友会は**民衆を戦略として利用していた**といわれている。

西園寺は、自らが行なおうとした緊縮財政が民衆の圧倒的支持を得ていることを実感していた。そこで西園寺と政友会は下野してまもなく、勢力伸長を狙って民衆の煽動を開始する。

まず政友会本部は陸軍の身勝手なストライキの経緯を全国の支部に説明し、師団増設反対、閥族消滅を唱えて民衆を鼓舞した。すると民衆は「閥族打破」「憲政擁護」を声高に叫びはじめ、全国各地で集会が開かれるようになった。そして、これをマスコミが大々的に報道したため、運動はますます盛り上がっていったのである。

この運動はかつて日本が経験したことがないほど、凄まじい盛り上がりだったといわれている。

◇結局、政友会も〝民衆を利用した〟だけ?

その後、桂内閣は倒れ、西園寺と政友会の戦略は成功に終わった。ところが、次に内閣を組織したのは海軍大将で薩摩閥の山本権兵衛だった。陸軍出身で長州閥の桂太郎とは系統こそ違ったが、閥族であることは同じである。

こうなったのは、**政友会が次期内閣に参入することと引き換えに、閥族と妥協をはかったから**だった。つまり、政友会は首相と陸・海軍大臣、外務大臣以外の閣僚はすべて政友会員から選ぶということを条件に、閥族と提携することを選んだのである。

西園寺がこのような決着を想定していたかどうかはわからない。しかし、結果を見る限り、民衆が政友会に利用された形になったことだけは間違いないようだ。

二・二六事件――青年将校たちは〝陸軍の内部抗争〟に利用された!?

昭和十一（一九三六）年二月二十六日未明、前夜から降り続いた雪が積もった東京の街で銃声が鳴り響いた。約千四百人の青年将校が決起し、いくつかの部隊に分かれて首相官邸や陸軍大臣官邸などを一斉に襲撃したのである。

その目的は武力によって元老や重臣、軍閥などを打倒し、天皇親政による「昭和維新」を断行するというものだった。世にいう「**二・二六事件**」である。

これにより、斎藤実《まこと》内大臣、高橋是清《これきよ》蔵相、渡辺錠太郎《じょうたろう》教育総監らが暗殺され、鈴木貫太郎《かんたろう》侍従長も重傷を負った。

決起部隊は天皇が決起を承認してくれるものと信じていたが、自らの側近を殺された天皇は激怒し、軍首脳にすみやかに鎮圧するよう指示した。そして、ラジオや飛行機からのビラなどを使い、決起部隊への原隊復帰が呼びかけられると、全員が投降して四日間にわたる事件は終わった。

◎なぜクーデター失敗後も軍部の勢いは止まらなかった？

この事件は、**軍部によるクーデター**である。それが失敗したのだから、軍部の台頭は阻止されるか、勢いを断ち切られるのが普通だろう。しかし、二・二六事件以降も軍部の勢いは止まらず、むしろ政治における発言力を強めていった。

なぜか。それは、二・二六事件が、陸軍のなかの「**皇道派**」と呼ばれる一派による決起にすぎなかったからだ。

当時、陸軍内には「**統制派**」と「皇道派」という二つの派閥があり、両者は激しく対立していた。

統制派は、官僚や財界と提携した現実的な路線で国家改造を行なおうとするグループ。一方、皇道派は天皇親政による政治革新を唱える急進的なグループで、青年将校を中心に構成されていた。

どちらも国家改造を断行しようとする点では一致していたが、方法論は明らかに違っていたのだ。

統制派と皇道派の対立は次第に深まり、やがて陸軍内部の人事をめぐって暗殺事件が起こるなど、壮絶な派閥抗争へと突入した。その結果、優位に立ったのが統制派だった。

形勢不利に陥り、自分たちが疎外されていると不満を抱いた皇道派は、状況を逆転させようと目論み、決起を計画。一気にクーデターへと発展したのである。

◇軍首脳はクーデター計画を知っていた？

ただここで、3章で触れた五・一五事件と同じ謎が持ち上がる。なぜ、これほどまでに大規模な武装決起が、事前に漏れ出なかったのかということである。

憲兵隊や特別高等警察が情報をキャッチできなかったとは考えにくいし、そもそも同じ陸軍内で対立していた統制派が何も知らなかったということはありえないだろう。

この謎については、軍首脳による〝泳がせ〟ではなかったかという指摘がなされて

軍首脳は決起の情報をつかんでいたのか――？
（写真提供：共同通信社）

いる。

軍首脳はクーデター計画を知っていた。にもかかわらず、そのまま**見て見ぬ振り**をしていたのではないかというのである。

皇道派の首脳たちは、自分たちの仲間である青年将校の決起に直接は関与していなかった。

しかし、内心では彼らを激励しており、決起が成功した場合、それに乗じて政権を奪取するという筋書きを描いていたという推測がなされている。

一方ライバルの統制派の首脳たちは、準備不足のままクーデターを起こした皇道派を制圧することで、「皇道派の一掃」と「軍部政権の樹立」という一石二鳥を目論んでいた、という説がある。

こうした理由で、軍首脳は決起の情報を知りながらあえて見過ごしていたのではないかという。つまり、**皇道派も統制派も青年将校の決起を利用**して、自分たちの野望を成し遂げようとしていたため、予防措置がとられなかったというのだ。

◎“とばっちり”で処刑された民間人がいた！

いずれにせよ、皇道派の青年将校たちの決起は失敗に終わり、弁護人もつかない一審制度の裁判によって十七人の将校が処刑された。さらに、彼らの思想的指導者として**北一輝**《いっき》と**西田税**《みつぐ》が逮捕、処刑された。

北一輝は戦前最大の右翼イデオローグとして有名な人物で、皇道派の若手将校たちと交流して思想的影響を与えていた。西田税は陸軍士官学校出のエリート将校を経て北一輝の門下に入り、皇道派若手将校と北一輝との橋渡しをした人物だった。

彼らをかねてから危険視していた軍部は、**事件を契機に直接関係のない民間人まで**

排除したことになる。

かくして陸軍では統制派が実権を握るようになり、政府の要人や官僚に対して、第二の二・二六事件をほのめかすなど政治的圧力を強めていった。

そして、中国との戦争を開始し、大陸や南方への進出を無軌道に開始し、第二次世界大戦へとひた走っていくのである。

6章

武将たちの戦い――合戦の裏側にあった〝すごいかけ引き〟

桶狭間の戦い——命運を分けた信長の「情報戦略」とは?

戦国時代、敵対勢力をことごとく退け、天下統一の目前にまで迫った**織田信長**。現代まで多くの武勇伝が語り継がれている戦国武将は、あらゆる面で規格外の人物だった。

たとえば、対立関係にあった浅井・朝倉両氏をかくまったとして、比叡山延暦寺への報復を決行。寺社をことごとく焼き払い、僧侶三千人を斬り殺した。また、荒木村《あらきむら》重《しげ》が謀反を起こすと、村重の家臣およびその妻女六百人余を磔刑《たつけい》・火刑に処した。さらに無礼をはたらいた茶坊主を刀で斬ったとか、朝倉義景《よしかげ》、浅井久政《ひさまさ》・長政《ながまさ》の三人の髑髏《どくろ》を肴に酒宴を催したなどという逸話も残されている。

そうした残虐な行為を繰り返したことから、信長は「魔王(第六天魔王)」とも呼ばれた。

しかし同時に、信長は政治・軍事・外交、そのすべてに優れた稀代の戦国大名でもあった。合戦では鉄砲の戦術を確立するなど、当時の常識を打ち破り、連戦連勝を重ねた。

天下取りへの第一歩となった永禄三（一五六〇）年の桶狭間の戦いも、信長による常識はずれの作戦が行なわれた合戦として知られている。

この戦いで信長は、三万の兵を率いて西へ向かう駿河（現・静岡県）の大大名・今川義元を、わずか三千の軍勢で迎え撃つことになった。数の上では織田軍の圧倒的不利だったが、信長は今川軍が酒宴を開いていたときに本陣を急襲して、大将である義

元の首をとった。奇襲が見事に成功したのである。

◇実は奇襲ではなく正面突破だった⁉

以上が従来いわれてきた桶狭間の戦いの概要だ。

ところが近年になって、この**「奇襲による勝利」を否定する説**が浮かび上がってきた。これまでの説では、織田軍は迂回して今川軍の横手の高所に出て、折からの風雨に紛れて今川軍のいる低地に向かっていったとされてきた。

しかし、信長の家臣・太田《おおた》牛一《ぎゅういち》が編纂した『信長《しんちょう》公記《こうき》』にそうした記述がないことから、従来いわれてきた奇襲ではなく、**正面突破による攻撃がなされたのではないか**といわれるようになったのである。

確かに、今川義元は「海道一の弓取り」と謳われた有力な戦国大名である。戦いの前に敵に隙を見せ、身辺の警護を怠るようなうかつな大将ではない。手元の兵力も一万人以上いたと推測され、三千程度の織田軍に簡単に敗れるとは考えにくい。

では、奇襲が決定打になっていなかったとすると、信長はどうして今川軍を倒すことができたのだろうか。

この謎の答えについて、日本史学者の武光誠氏は信長の情報戦略にあると『スキャンダル！　日本史』で述べている。

◇今川軍の油断を誘ったオドロキの戦法

武光誠氏によると、織田軍の兵力は三千ではなく、実際はその倍近くいたという。信長の父・信秀は早くから周辺の土豪や野武士を味方に引き入れるべく工作を進めており、信長もそれを踏襲していた。

そのおかげで、いざ戦となるとあちこちから土豪や野武士の軍勢が集まってきた。一つひとつの集団は小さくとも、集まるうちに兵力が膨れ上がり、最終的には六千ほどになったという。

そして、信長は**自軍の六千の兵力を三千と偽って発表**し、敵の油断を誘ったわけである。

◇敵の先を読んだ信長の〝情報戦略〟

信長の情報戦略はそれだけにとどまらない。桶狭間の地理を熟知した梁田《やなだ》政綱《まさつな》という**地侍を使って謀略を仕掛けた**のである。

地侍とは、戦いのときにはヤリをもって戦場へ赴くが、平時には農業に従事する半農半士の者を意味する。梁田は今川領との境界付近に位置する沓掛《くつかけ》在住の地侍で、信秀の代から織田家に仕えていた。

信長はこの梁田に今川軍の偵察を命じ、どのルートを通って進行しているのか、軍勢は何人くらいいるのかといった情報を報告させた。これにより、信長は敵の先を読んだ作戦を立てることができたのである。

桶狭間での信長の勝利が奇襲によるものでなかったとすれば、彼の破天荒ぶりを示すエピソードが一つ減ることになる。しかし、信長が見せた情報工作は、実に手の込んだ常識はずれの戦略だったのである。

豊臣家滅亡への布石――〝方広寺鐘銘事件〟の真相

「国家安康《こっかあんこう》」「君臣豊楽《くんしんほうらく》」――。この一見なんの変哲もない文句が、豊臣家滅亡への布石となったことを知っているだろうか。

慶長十九（一六一四）年に起こった、いわゆる**方広寺鐘《ほうこうじしょう》銘事件《めい》**である。

方広寺とは、天正十四（一五八六）年に豊臣秀吉が京都東山に建立した寺で、奈良の東大寺に匹敵する規模の大仏殿を有していた。慶長元（一五九六）年の地震で倒壊して、しばらくそのままになっていたが、秀吉の死後、子の秀頼が再建した。

慶長十九（一六一四）年には梵鐘《ぼんしょう》と大仏が完成し、大仏の開眼供養が行なわれることになった。ところが、鐘の銘文に徳川家を呪う不吉な文字があるとして、**徳川家康が言いがかりをつけた**のだ。

鐘に彫られた「国家安康」は「家康」の名を胴切りしている。また、「君臣豊楽」は豊臣の繁栄のみを祈っている——。だから徳川側は、いずれの文句も不吉であるとしたのだ。

これをきっかけに、豊臣家は次第に徳川家と対立していく。最終的には大坂の陣へと至り、滅亡の運命をたどることになったのである。

◇天下を統一した家康の〝最後の課題〟

豊臣家滅亡につながったこの事件は、実は家康の謀略だったといわれている。

家康は関ヶ原の戦いに勝利し、慶長八（一六〇三）年に**江戸幕府を開いて天下統一**を成し遂げたが、最後にもう一つ問題を残していた。

それは**豊臣家の存続**である。

弱体化したとはいえ、豊臣側の大名連中は徳川家にとって大きな脅威である。一刻も早く討伐をはかりたい、というのが家康の本音だった。

そこで家康は、先のように方広寺の鐘銘の文字に言いがかりをつけて豊臣側を挑発し、開戦の口実にしようとしたというのである。

この謀略でキーパーソンとなったのが、南禅寺の僧・**金地院崇伝**《こんちいんすうでん》である。崇伝は僧侶という立場でありながら家康の名参謀として活躍した人物で、悪巧みがうまいことから「**黒衣の宰相**」という異称をもつ。

鐘銘に対する言いがかりを考えたのも、崇伝以外にいないというのが当時の世間の見方だった。

崇伝は、豊臣側が鐘銘事件の弁明にやってきたときも本領を発揮している。

豊臣側は徳川側に弁解するために、片桐《かたぎり》

且元《かつもと》という武将を駿河国（現・静岡県）へ派遣した。だが、これに対応したのは家康でなく崇伝であり、且元に対してさんざんに嫌がらせをした。

且元が解決策として「秀頼から家康に対して二心ない旨の誓紙を提出する」と申し出ると、崇伝らは「そのようなことでは、すみそうにない」と冷たくあしらった。家康も「且元に（解決策を）考えさせよ」と言い捨て明確な条件を示さなかったため、結局、且元は手ぶらで大坂に帰還せざるを得なかったのである。

◎〝言いがかり〟が批判されなかったのはなぜ？

崇伝は京都にある禅宗の有力寺院、京都五山（南禅寺・天龍寺・相国寺・建仁寺・東福寺・万寿寺）の高僧たちの支持を取り付けるのにも一役買っていたとされる。

そもそも鐘銘の文を考案したのは、東福寺・南禅寺に歴住した五山の高僧の一人、文英清韓《ぶんえいせいかん》だった。清韓は朝鮮出兵に同行したり、日本と明との戦いである「慶長の役」の講和で活躍するなどしたため、豊臣家から厚い信頼を得ていた。

その清韓が鐘銘の文を考案したのだから、家康側からの言いがかりに対して、京都の寺院勢力から批判が出るかとも思われた。ところが、そうはならなかった。

その理由として考えられているのが、**崇伝の根回し**である。

清韓は名声の高い僧だったが、その反面、ほかの僧から嫉妬されていた。崇伝はそうした心理をつき、**清韓以外の僧たちに根回しし、清韓を悪者に仕立て上げた**。

そして僧たちを結束させ、家康支持へと導いたと見られているのだ。まさに「黒衣の宰相」の面目躍如といったところだろうか。

とはいえ、「鐘銘事件は決して家康側から仕掛けたものではなく、豊臣側の落ち度である」との意見も出されている。つまり、故意に徳川側を挑発するような鐘銘にしたのではないかというのだ。また、銘文をつくった清韓も真意を疑われて捕らえられているという事実もある。

はたして、豊臣側に二心があったのか、すべては家康の策略だったのかは謎のままである。

大坂の陣――〝難攻不落の城〟を丸裸にした家康の頭脳プレー

戦国時代、**大坂城は「難攻不落の城」**と謳われていた。豊臣秀吉が約十五年をかけて、徐々に築城した結果、二重三重の複雑な石垣が立体的に構築され、非常に堅固な巨城として仕上がったのである。

しかし徳川家康は、その大坂城を約二カ月で攻略した。慶長十九（一六一四）年十月、方広寺鐘銘事件をきっかけに勃発した「**大坂冬の陣**」の際、家康はわずかな時間で堀を次々に埋め立てて、本丸だけの裸城にしてしまったのである。

「大坂冬の陣」と、それに続く翌年の「**夏の陣**」は、家康にとって生涯の総決算というべき戦争である。家康はそれまでに身につけた戦術と戦略の限りを尽くして戦った。その結果、夏の陣で豊臣方の主だった武将を撃破し、豊臣家を滅亡に追い込んだ。

ただ、いくら家康でも、力攻めだけで大坂城を攻略するのは難しい。家康は、いったいどのような手法で大坂城を丸裸にしたのだろうか。

◇“心理戦”で豊臣方の上をいった家康の「非情な戦略」

この謎を解くためのキーワードは「頭脳戦」である。

冬の陣の際、家康は昼夜を問わず大坂城を攻め立てた。砲撃を繰り返したり、城壁に向けてトンネルを掘らせたりして、城兵を悩ませたのだ。その一方で、豊臣方の側近の大野治長《はるなが》や織田有楽斎《うらくさい》と和平工作を進めた。

こうした心理作戦の前に、豊臣側の将兵たちは神経をすり減らした。連日連夜、大砲の轟音を聞かされ、実際に怪我人も出ていたから当然である。秀頼の母・淀殿《よどどの》も大砲の威嚇にすっかりおびえてしまっていた。

そこで家康は、和平交渉を提案する。豊臣方も提案に乗り、すぐにそれを受け入れたが、これこそ家康の狙いであった。

◇和平交渉という名の〝狡猾な罠〟

和平交渉の際、家康は和議の条件として次のような提案をした。ただちに講和をすれば、大坂城に残っている将兵をすべて助命し、秀頼や淀殿の責任も問わない。その代わり、**大坂城の堀を埋めろ**というものだ。

豊臣方は、この提案を渋々ながらも受け入れ、十二月十九日に和議を成立させる。ここに大坂の陣の前半戦ともいえる冬の陣が終わったのである。

ところが、外堀の埋め立て工事がはじまると、家康側の二十万もの兵士がこれに参加。外堀だけでなく、二の丸、三の丸の堀、本丸の堀まですべて埋めていった。その結果、大坂城は本丸だけの丸裸状態になってしまった。

実は、豊臣方では堀の埋め立て工事は自分たちが行なうという前提で和議に応じていた。あるいは二の丸、三の丸については豊臣方、城全体を取り囲む惣構《そうがまえ》の堀については徳川方という役割分担がされていたともいわれている。

いずれにせよ、埋め立てには何年もかかるから、埋め立てている間に、高齢の家康は老衰で亡くなるだろうと予想して和議に応じたと考えられている。そうした予想に反して、埋め立て工事はあっという間に終わってしまったのである。これには豊臣方もあいた口が塞《ふさ》がらなかった。

◎立て続けに出された〝無理難題〟

その後、家康は丸裸同然となった大坂城に籠る豊臣側に対し、さらなる無理難題を突きつける。秀頼が大坂城を退去して大和か伊勢に国替えするか、新規召し抱えの浪人をすべて城外に追放しろというのである。ここでいう浪人とは、関ヶ原の戦い以降、食い扶持を失っていた人々のことで、その数はなんと十万人を数えていた。

豊臣方にとってはいずれも呑めない条件で、再び兵を挙げるしかなかった。慶長二十（一六一五）年四月、大坂夏の陣の勃発である。

この戦いに、もはや豊臣方に勝ち目はなかった。大坂城は堀をすべて埋められており、本丸しかないのだから当然だろう。

結局、**大坂城はわずか二日で陥落**。秀頼と淀殿は自刃し、大野治長ら近臣もみなこれに殉じた。秀頼の妻で徳川秀忠《ひでただ》の娘の千姫《せんひめ》だけは助けられたが、秀頼の息子・国松は処刑され、娘は尼にされた。

ここに豊臣家は滅び、徳川家の完全な天下統一が成し遂げられたのである。

〝心理作戦〟で戦局を優位に展開し、ここぞのときには無理難題を繰り返し要求して相手を追い詰めていく家康。戦国一の知将ゆえに可能だった戦略といえるだろう。

厳島合戦――有力大名を自滅させた毛利元就の恐るべき心理作戦

全国の戦国大名たちが、天下統一を目指してしのぎを削った戦国時代。十五世紀から十六世紀にかけて続くこの時期には、日本中で血なまぐさい争いがいくつも行なわれた。

戦は数多あるが、その中でも特に**「戦国の三大奇襲戦」**と称されるものがある。織田信長が今川義元を討ち、天下統一の第一歩を記した**「桶狭間の戦い」**。川越《かわごえ》城奪回を狙った上杉氏を北条綱成《つなしげ》が返り討ちにした**「川越の夜襲」**。

そして、**毛利元就《もとなり》**が周防《すおう》（現・山口県）の守護を務める名門で、最盛期には九州にまで勢力を広げた有力大名大内氏の重臣・陶晴賢《すえはるかた》の大軍を厳島で急襲して打ち破った**「厳島《いつくしま》合戦」**である。

厳島合戦は天文二十四（一五五五）年に行なわれた戦いで、四千の軍勢の毛利軍が二万を擁する陶晴賢軍に勝利。これにより、毛利元就は中国地方の覇権に大きく近づくことになった。

単純な戦力比較では毛利軍が圧倒的に不利であり、陶晴賢の大勢力に太刀打ちできるはずがない。また、この戦いは奇襲戦とはいうものの、相手が休息をとっているときに攻撃を加えるなどという、不意討ちのようなやり方で手に入れた勝利ではなかった。

では、多勢に無勢の毛利軍がなぜ勝利できたのだろうか。

◇〝知謀の天才〟元就の「成り上がり物語」とは？

毛利軍の勝利は、毛利元就の知略によるものとされている。

もともと毛利家は安芸（現・広島県）の一豪族にすぎず、尼子《あまご》氏、大内氏という二大勢力に囲まれ肩身の狭い思いをしていた。しかし、毛利家の当主が亡くなり、その跡を継いだ元就は、知謀を発揮して最終的には中国地方一の大大名に成長。ついには織田信長らと天下を争うまでになっていく。

そんな元就の成り上がり物語のなかで、大きなターニングポイントになったのが厳島合戦だといえる。

厳島合戦の四年前、毛利氏のライバルである大内氏の家内で内紛が起こった。大内氏の当主・義隆《よしたか》に対して、重臣の陶晴賢が反旗を翻し、義隆を自刃に追い込んだのである。

その後も名目上の主家は大内氏だったが、実権は晴賢が握っている状態だった。

こうした大内氏の内情を、元就は大内義隆と縁のあった小早川隆景《たかかげ》（元就の三男）を通じて熟知しており、攻め滅ぼす絶好の機会と判断したのである。

まず晴賢の名参謀として知られる江良《えら》房栄《ふさひで》が、元就に通じて謀反を企んでいるという噂を流す。

晴賢は当初、噂を一笑に付していたが、**房栄の筆跡をまねたニセの手紙**を見せられると疑心暗鬼に陥り、房栄を殺してしまう。

◇聖地・厳島を〝決戦の舞台〟に選んだ理由

元就の謀略はさらに続き、大内氏との合戦の場に厳島を選んだ。

厳島は周囲が約三十キロの小島で、島内には聖域とされる厳島神社がある。毛利氏の本拠地からは遠かったが、元就はこの地に急いで宮尾城を築城し、大内氏の大軍に備えた。

その一方で、**大内軍をおびき出すための裏工作**を進めた。重臣に「元就は寄る年波で家臣の言うことを聞かず、毛利の滅亡は間違いない。大内軍が元就を追ったら、自分は背後から出て元就を討つ」という虚偽の手紙を書かせて、大内側に送りつけたのだ。

また、瀬戸内海の海賊・**村上水軍を味方につけた**。厳島への兵力輸送を確保するとともに、逃げる大内軍を押さえさせるためである。元就は村上水軍を率いる村上武吉《たけよし》に「一日だけ力を貸してほしい」といって援軍を要請したといわれている。

こうして元就が万全の準備をしたところに、罠にはまった陶晴賢の二万の軍勢がやってきた。

晴賢軍が厳島に上陸したのは九月二十一日。一方、毛利軍は九日後の三十日の夜半に厳島に向かう。村上水軍も同じタイミングで到着し、毛利側は二手に分かれて厳島に上陸した。

翌十月一日の早朝、晴賢軍は海と背後の山の両方から一斉攻撃を受けた。晴賢軍の二万もの兵士たちは、小さな厳島のなかに閉じ込められたような形になって思うように動くことができず、混乱するばかり。結局、反撃らしい反撃もできないまま壊滅、晴賢も自刃した。かくして厳島合戦は、毛利軍の圧勝に終わったのである。

その後、元就は大内氏の勢力を吸収し、大大名となった。また、聖地を戦いで汚してしまったことを詫びて、厳島の保護に努めた。

厳島合戦は奇襲が勝利をもたらしたとよくいわれるが、実はその陰で元就が周到に策を練っていた。奇襲ではなく、元就の知力の勝利だったのである。

「鵯越の逆落とし」がなくても源氏は一ノ谷で勝利していた!?

源氏が平氏を滅ぼし、鎌倉幕府を開くきっかけとなった源平合戦。この戦いの主役の一人、**源義経**は天才軍略家として知られている。平氏の本拠地・屋島を奪った奇襲作戦、壇ノ浦の合戦で船から船へ飛び移り、次々と敵を討った八艘飛《はっそうと》びなど、今日まで語り継がれる軍略も多い。

なかでも、特に有名なのが一ノ谷の戦いでの「**鵯越《ひよどりごえ》の逆落《さかお》とし**」だろう。

寿永三（一一八四）年二月、源氏の強勢に屈して都落ちした平家一門は、態勢を立て直し、一ノ谷（現・神戸市須磨区）近くに陣を敷いた。一方、後白河法皇から平氏打倒の命を受けた義経は、一万の軍勢を率いて一ノ谷に迫っていく。

一ノ谷は北側に険しい六甲の山々がそびえ、南側は海に面して物資の補給がしやすいという、海戦の得意な平家にとって格好の地。しかも、東側は「鵯越」という急峻な崖で、ここを降りることができるのは野生のシカくらいとされていた。

天然の要害に守られた平氏軍は万全の態勢で源氏軍を待ち構え、同年二月六日に合戦開始となるや、戦局を優位に展開した。

ところが翌日の明け方、義経を先頭にした精兵七十騎が鵯越を真っ逆さまに駆け下り、一ノ谷の城に火をかけたのである。

この奇襲戦法で平氏軍の本陣は総崩れとなり、多くの武将が討ち取られて壊滅的な打撃をこうむった。以降、勢いづいた源氏は、平氏をことごとく打ち破り、壇ノ浦の戦いに勝利して源平合戦に終止符を打つことになる。

◇〝本当の功労者〟は義経ではなかった⁉

このように、一ノ谷の合戦は義経の名を天下に轟かせると同時に、源平合戦における重要なターニングポイントになったわけだが、**実は「鵯越の逆落とし」は、史実で**

はなかったという説が唱えられている。つまり、源氏に勝利をもたらしたのは、義経の策略ではないというのだ。

その根拠は鵯越の場所である。

現在も鵯越という場所は存在するが、たいして険しい場所でない。しかも、そこを下っても直接一ノ谷に出ることはできない。したがって、奇襲戦法の舞台にはなりえないというのである。義経が騎兵を率いて駆け下りていたとしたら、もっと西側にある鉄拐山《てつかいざん》か鉢伏山《はちぶせやま》のあたりとするのが自然だという。

では、なぜ源氏は陣地的に不利な戦いに勝利できたのか。鎌倉幕府の正史『吾妻《あづま》鏡《かがみ》』によると、この戦いの裏には、平氏と対立していた**後白河法皇の策略があったら**しい。

「鵯越の逆落とし」の前日、平氏の陣に後白河法皇からの書状が届けられた。そこには「和平交渉を行なうから、安徳天皇（母は平清盛の次女・建礼門院）と三種の神器を携えて都に戻るように。八日に和平の使者を送るので、それまで戦いをはじめてはならない。このことは源氏にも伝えている」と記されていた。

書状を受け取った平氏は、安心して眠りについた。そのため七日の早朝、平氏の陣営では多くの兵士が武装もしていない状態で、源氏軍になす術もなくやられてしまったのである。

すなわち一ノ谷の戦いは、義経の軍略があってもなくても、**源氏の勝利は最初から決まっていた**ということになる。

ただ、後白河法皇の謀略に源氏がどうかかわっていたかは定かでない。もしこれが義経が進言した計画だったとすれば……？　そうだとしたら天才軍略家の面目躍如といったところだが、真偽のほどは不明である。

義経の〝奥州逃亡〟を助けた「意外な人物」とは？

源義経は、文治元（一一八五）年に壇ノ浦の戦いで平氏を滅ぼし、源平合戦における源氏の勝利の立役者となった。だがその後、彼を待ち受けていたのは、兄である**源頼朝**の冷たい仕打ちだった。

二人は兄弟とはいえ母親が異なり、まったく別の人生を歩んできた。

頼朝は最初から源氏の御曹司として育った。平氏によって島流しにされたこともあるが、そのときも周囲からは御曹司として扱われた。

これに対し、義経は平氏によって京都の鞍馬寺《くらまでら》に幽閉され、いつ僧にさせられるか恐れながら過ごす少年時代を送った。頼朝とはじめて面会したのは義経が二十二歳のときで、それまでは何の交流もなかった。こうしたことから、二人は肉親としての情をほとんどもっていなかったといわれている。

また、鎌倉政権を支える東国の武士たちはみな自分の土地をもつ領主になったが、**義経とその従者たちには土地が与えられなかった**。さらに平氏滅亡後、義経一行が生け捕りにした平宗盛《むねもり》父子を護送して鎌倉に向かう途中、頼朝によって**鎌倉入りを禁じられるという事件**も起こっている。

頼朝が義経を冷たくあしらったのは、「平氏打倒の立役者は義経である」という人々の噂話を伝え聞き、自分の立場が危うくなると考えたからだった。また義経が平氏の娘を側室に迎えたことも、頼朝の猜疑心を増幅させる要因となっていた。

二人の関係は次第に悪化し、やがて修復不可能になる。源平合戦の戦後処理が一段落した文治元（一一八五）年九月には、頼朝はついに義経追討の命令を出すに至った。

◇〝英雄〟から〝逃亡者〟に転落した義経は……？

かくして源平合戦の英雄は追われる立場となった。義経は従者の**武蔵坊弁慶**らとともに北へと逃げ、東北地方を支配する奥州藤原氏の庇護を受けた。

実は、義経と奥州とは少年時代から縁があった。鞍馬寺に幽閉されている義経を、奥州藤原氏の総帥・藤原秀衡《ひでひら》が、武将として育てるべく奥州へ招いたと伝えられる。つまり、義経はかつての恩人のもとへ逃げ込んだわけだ。

しかし、この奥州藤原氏と義経に関しては大きな謎が残されている。少年時代の義経は、平氏に厳しく監視されていた。そうした状況下で奥州藤原氏が義経を引き取り、保護するのは容易ではない。

いったい、どのような経緯で義経を遠く北の地へと導いたのか——それが不明のま

まなのである。

◇謎に包まれた「逃走経路」を解くカギは？

その謎を解くキーマンとされるのが、「**金売り吉次**《かねうりきちじ》」という人物である。「金売り」とは聞き慣れない呼び名だが、これは金と他の商品を交換して利益を上げる商人を意味する。

当時の奥州は金の一大産出地。日本で金の産出地として有名なのは佐渡の金山だが、佐渡で採掘がはじまったのは戦国時代末期であり、それまで国内で流通している金は、ほとんどが奥州から出る砂金だった。奈良の大仏に用いられた大量の黄金も、奥州で産出したものである。この金の商人が「金売り」である。

室町時代に書かれた英雄伝記『義経記《ぎけいき》』によると、金売り吉次は藤原秀衡から鞍馬の山寺にいる義経を連れてくるよう依頼されていた。そして、鞍馬寺にいる遮那王《しやなおう》（義経の幼名）が義経であることに気がつくと、言葉を尽くして奥州へ連れ出したという。

金売り吉次は京都と奥州を何度も行き来して、情報を得ては伝達役にもなっていた。その過程で有力者とのかかわりが生じていたと考えられる。

金売り吉次が義経を奥州へ連れて行ったとき、秀衡は三百騎もの馬を揃えて出迎えた。そして吉次に砂金をはじめとする多くの褒美を与えたという。**吉次は源平合戦に乗じて、まんまとひと財産を築いた**わけだ。

◇義経の恩人「金売り吉次」の正体は?

しかし、金売り吉次には多くの謎がついて回る。最大の謎は、その正体は誰なのかという問題だ。史料によって名前や素性が異なっているのである。

『義経記』には吉次信高とある。彼は京都三条の富裕な商人で、毎年奥州へ足を伸ばしていたという。

一方、鎌倉時代の軍記物語『源平盛衰記《げんぺいじようすいき》』では、京都五条の橘次《きつじ》末春《すえはる》という人物が義経を奥州に連れて行ったことになっている。

ほかに吉次の素性としては、奥州生まれの炭焼きの息子であるとか、金の鉱山ではたらく鉱山師であるなどともいわれている。

そして、これらに共通するのは、金売り吉次が荒稼ぎしていたらしいことである。たとえば栃木県足利市や東北各地には、吉次が金を埋めたとされる場所、あるいは吉次の屋敷跡と伝えられる場所がある。それが本当なのかどうかは確認されていないが、大商人であった可能性は高い。

金売り吉次の正体は謎に包まれている。しかし、少なくとも彼は、不遇の身にある源氏の御曹司に同情したり、源氏の再興を願って力を貸したりしたわけではない。源氏の血統を利用して、荒稼ぎしようと考えていたのである。

本能寺の変――明智光秀は「ただの実行犯」にすぎなかった⁉

天正十（一五八二）年、天下統一の目前にまで迫っていた**織田信長**は、**明智光秀**の裏切りにあって殺された（**本能寺の変**）。謀反に際して、「敵は本能寺にあり」といったとされる光秀は現在、「裏切り者」の代名詞として広く知られている。

一方、戦国時代には、そうした血なまぐさい事件をよそに**茶の湯**が流行した。茶の湯とは、伝統的な様式に則り客人に抹茶をふるまう日本独特の文化のことで、単に茶を飲むことを楽しむだけでなく、茶道具や茶室に飾る美術品も楽しみ、さらには人生の目的や考え方をも追究するという実に深い総合芸術である。

戦国武将も戦乱から一時離れて茶会を催し、熱いお茶を飲んだり歌を詠んだりして大いに楽しんだ。茶会に呼ばれた者は、そのお返しに茶会を開く。それが次から次へと持ち回りのように繰り返された。

ただ、茶会は非常に狭い茶室で催されたため、密談の舞台になることもあった。戦国武将や貴族、豪商などが茶会で顔を合わせ、秘密交渉や裏面工作を行なうといったことが珍しくなかったのである。

そして、織田信長が天下統一を目の前にして倒れた本能寺の変の裏にも、この茶会の存在があったといわれている。**事件の黒幕が、なんと茶人《ちゃじん》たちだった**のではないかという噂があるのだ。

◎なぜ天下人・信長が〝博多の商人〟を茶会に招いた?

本能寺の変は天正十（一五八二）年六月二日に京都・四条西洞院《にしのとういん》の本能寺で起こったが、その前日の六月一日に信長は同寺の書院で茶会を催していた。

その茶会で、信長は安土城から運んできた秘蔵の名物茶器三十八種を披露した。信長の名物茶器の収集は有名であるが、それらをわざわざ本能寺まで運んだのにはワケがあった。

そもそも茶会は博多の商人・島井《しまい》宗室《そうしつ》をもてなすために開かれたものであり、信長は宗室に披露するために茶器を用意していたのである。

宗室を厚遇したのは、将来の九州攻めに備えてのこととされる。信長は博多の商人たちと友好的な関係を築くことによって、九州制圧時の物資調達を円滑に進めようと考えていたようなのだ。

茶会は大盛況だったらしく、やがて酒宴へと発展した。その後さらに囲碁の対局まで行なわれ、お開きになったのは真夜中。その数時間後に本能寺の変が起こった。

信長が目を覚ましたとき、すでに本能寺は光秀の軍勢に包囲されており、信長の必死の応戦も焼け石に水だった。つまり、信長が前日に夜更かししすぎていなければ、より早く光秀の軍勢に対処できていた可能性も捨て切れないのである。

信長が接触をはかった島井宗室は、単なるお茶好きの商人ではなく、九州の有力大名・大友氏とも資金面で良好な関係をもち、博多支配の一翼を担う豪商だった。また、積極的に畿内に赴いては堺などの茶人・豪商と親交を深めていた。

本能寺の変の前日、宗室は博多から京都へ出てきて信長の茶会に出席し、そのまま客として本能寺に泊まった。

そして本能寺が光秀の襲撃を受けて炎で包まれる前に、**「どうせ燃えてしまうものだから」**と、弘法大師真蹟千字文の軸を持って逃げたと伝えられている。

◇信長と商人たちの間の隔たりとは？

これらを踏まえて考えると、**「明智光秀と島井宗室らが共謀して本能寺の変を起こしたという構図が見えてくる」**と説明するのが作家の楠木誠一郎氏だ。

楠木氏は著書『日本史謎の殺人事件』のなかで、本能寺の変を計画したのが、堺の商人で光秀の茶の師匠であった津田宗及《そうぎゅう》、計画実行のための舞台設定を行なったのが、博多の商人である島井宗室、そして実行犯が光秀だったのではないかと述べている。

豪商たちは、信長の武器商人としてはたらき、多くの富を得てきた。しかし信長は堺からだけではなく、本能寺を経由した武器の買い付けも画策していた。豪商たちは商売の危機を感じ、信長を邪魔な存在と見なすようになったのである。

また、宗及は茶人として信長に重用されていたが、信長の寵愛は次第に千利休《せんのりきゅう》に傾きつつあり、やがて信長から見捨てられるのではないかとの不安もあった。

こうしたことから、豪商たちは信長を本能寺もろとも消そうとしたというのである。これまでの常識を覆す驚くべき仮説だといえよう。

茶会で密談を行ない、都市部の物流を掌握、さらには大名暗殺までも計画する。戦国の歴史をつくったのは、武将ではなく茶人たちだったのかもしれない。

伊達政宗の父殺し——正史から抹消された驚きの真実

戦国時代には親殺し、子殺し、兄弟殺しといった骨肉の争いが珍しくなかった。「**独眼竜**《どくがんりゅう》」として天下にその名を轟かせた**伊達政宗**にも、父殺しの嫌疑がかけられている。

政宗が父・**輝宗**《てるむね》から家督を継いだのは天正十二（一五八四）年、まだ十八歳のときのことだった。その翌年、政宗が父殺しの疑いをかけられる事件が起こる。

天正十三（一五八五）年、政宗は小浜《おばま》城を占拠し、城主・大内定綱《さだつな》を打ち破った。すると大内氏と手を組んでいた二本松《にほんまつ》城主・**畠山義継**《はたけやまよしつぐ》が、政宗の攻勢に窮して降伏を申し入れてきた。しかし、政宗はそれを受け入れなかった。

困った義継は、隠居していた政宗の父・輝宗に調停を依頼する。そして輝宗の仲介によって、領土の没収を条件に降伏が認められた。

同年十月八日、畠山義継は仲介の礼を述べるため、宮森城《みやもり》にいる伊達輝宗のもとを訪れた。輝宗と義継の会見は無事に終わったが、義継が館を出ようとしたそのとき、思わぬ事態が発生した。

畠山氏の家老が義継に何事かを耳打ちしたとたん、義継は顔色を変えて見送りに出てきた輝宗をガッとつかみ、そのまま拉致して領地の二本松城へ逃走したのである。

慌てた伊達家の家臣たちは、義継を追うとともに、鷹狩りに出ていた政宗に急報する。政宗の軍勢は鉄砲で武装して義継を追い、阿武隈川《あぶくまがわ》の河畔で一行に追いついた。

政宗は父の姿を見て躊躇した。しかし、輝宗の「**自分とともに義継を撃て**」という声を聞くと、鉄砲隊に一斉射撃を命じた。

義継は逃げ切れないことを悟り、輝宗を刺し殺したうえで自害。政宗勢は義継勢を皆殺しにしたが、結局、父の身柄を生きたまま取り返すことはできなかった。

◎〝美談〟か〝政宗が仕組んだ計画〟か

これが事件の顚末である。

敵将に誘拐された父を救うために息子が駆けつけ、父を見殺しにする覚悟で仇を討つ——。戦国時代の美談といえるだろう。

しかし、この事件の裏側には、政宗による謀略が隠されていたといわれている。**すべては政宗が仕組んだ計画だった**というのである。

実際、政宗の軍勢による銃撃の場面については、史実かどうかを疑う向きがある。実は、先に述べた銃撃の場面は、伊達家の正史『伊達氏治家記録《だてしちけきろく》』に記された描写である。つまり、政宗の行為を正当化するために、事実がねじ曲げられている可能性があるのだ。

もともと輝宗と政宗は、畠山氏の処遇をめぐって対立していた。伊達家には早めに家督を譲って親子同士の争いを未然に防ぐという伝統があり、輝宗もそれにならって早々に家督を政宗に譲っていた。だが、畠山氏の処遇を決める際、輝宗が政宗に口を出したため、対立の火種が生まれていたという。

この対立がもとで政宗が輝宗の存在を疎ましく思っていたとすれば、それが政宗の父殺しの動機と考えることができる。

◇「父の敵《かたき》をとる」という口実ではりめぐらされた陰謀

そもそも、この事件には不可解な点が多い。

たとえば、降伏して許しを得たはずの畠山義継が、**急に態度を変えて輝宗を拉致するのはおかしい**という意見がある。確かに、輝宗を拉致してどうするつもりだったのか、義継の考えを読むのは難しい。

また事件発生当時、政宗の軍勢は宮森城から数キロ離れた小浜城に本陣を置いていたが、そこから鷹狩りに出ていたとすれば、義継の一向に追いつくには相当なスピードで追いかけなければ間に合わない。

しかも、追いついたときには、すでに鉄砲をもって武装しているという周到さ。この点に疑問を差し挟む専門家もいる。

これらの疑問に答えるべく、ミステリー評論家の相川司氏は、「政宗による陰謀説」を唱えている。

政宗が輝宗暗殺をひそかに企て、畠山家の家臣に対して「輝宗による義継暗殺計画」という虚報を伝えた。嘘を信じた義継が輝宗を殺害するとき、「父の敵をとる」という口実で義継を討つつもりだったのだ。

しかし、義継が輝宗拉致という想定外の行動に出たので、政宗はやむなく皆殺し作戦を敢行したのではないか。相川氏の主張はこのようなものだ。

はたして、政宗は事件の黒幕だったのだろうか。もし黒幕だったとしても、正史では証拠が抹消されてしまっている。そのため、真相を探るには正史以外の史料をあたるより仕方がない。

【主な参考文献】

『偽りの大化改新』中村修也、『天皇と日本の起源』遠山美都男、『邪馬台国論争』岡本健一、『謀略の幕末史』星亮一、『遷都1300年 人物で読む平城京の歴史』河合敦、『邪馬台国――清張通史①』松本清張（講談社）／『スキャンダル！ 日本史』武光誠、『源義経と源平の合戦』鈴木亨（河出書房新社）／『倭人伝を読みなおす』森浩一、『徳川家康』二木謙一（筑摩書房）／『西南戦争』小川原正道、『あの頃日本は強かった』柘植久慶、『日露戦争史』横手慎二、『室町の王権』今谷明、『日本の歴史④ 平安京』北山茂夫、『壬申の乱』遠山美都男（中央公論社）／『新選組』松浦玲（岩波書店）／『織田信長最後の茶会』小島毅（光文社）／『日本史の迷宮』三浦竜、『日本史を動かした外国人』武光誠（青春出版社）／『源氏三代101の謎』奥富敬之、『源義経』安田元久、『詳細図説家康記』小和田哲男（新人物往来社）／『蘇我氏四代の冤罪を晴らす』遠山美都男、『史伝伊達政宗』小和田哲男、『古代天皇列伝』（学研）／『関ヶ原――誰が大合戦を仕掛けたか』武光誠、『徳川将軍の意外なウラ事情』中江克己、『暗殺の世界史』大澤正道（PHP研究所）／『日本史 謎の殺人事件』楠木誠一郎、『平家物語おもしろ意外史』加来耕三（二見書房）／『戦国時代の謎と怪異』桑田忠親（日本文芸社）／『坂本龍馬 知れば知るほど』山本大（実業之日本社）／『明治暗殺史』森川哲郎、『人事の日本史』遠山美都男・関幸彦・山本博文（毎日新聞社）／『道鏡』横田健一、『北政所と淀殿』小和田哲男、『古代の皇位継承』遠山美都男、『菅原道真』坂本太郎、『関ヶ原合戦と大坂の陣』笠谷和比古、『政界の導者天海・崇伝』圭室文雄編、『謙信と信玄』井上鋭夫、『徳川光圀』鈴木暎一（吉川弘文館）／『世界史から見た日本の歴史38話』歴史教育者協議会編（文英堂）／『支倉常長慶長遣欧使節団の真相』大泉光一（雄山閣）／『ええじゃないか』高木俊輔、『保元・平治の乱』飯田悠紀子（教育社）／『古代史の謎を攻略する』松尾光（笠間書院）／『家系図から読みとる日本史』須藤公博（駿台曜曜社）／『天皇と藤原氏』馬場朗（三一書房）／『毛利元就』堺屋太一・山本七平ほか（プレジデント社）／『女たちの戦国』楠戸義昭（アスキー・メディアワークス）／『謎を読み解く日本史真相推理』小林久三（日本実業出版社）／『うわさの日本史』加来耕三（NHK出版）／『女たちの戦国』『最後の大奥 天璋院篤姫と和宮』鈴木由紀子、『歴代征夷大将軍総覧』『戦国軍師入門』榎本秋、『後白河法皇』河合敦（幻冬舎）／『古代最大の内戦磐井の乱』田村圓澄・小田富士雄・山岸幸久（大和書房）／『伊達政宗』相川司（新紀元社）／『クーデターで読み解く日本史』榎本秋（マイナビ）／『謀反人たちの真相』藤倉七右衛門（文芸社）／『源平争乱と鎌倉武士』（世界文化社）／『日野富子 光と影』中江克己（廣済堂出版）／『吉良上野介を弁護する』岳真也（文藝春秋）／『図解で迫る西郷隆盛』木村武仁（淡交社）／『「毒殺」で読む日本史』岡村青（現代書館）／『大正時代』永沢道雄（光人社）／『昭和史』半藤一利（平凡社）／『秘密の日本史』樋口清之（祥伝社）／『らしゃめん』荒木誠三（大陸書房）／『彷徨の王権 聖武天皇』遠山美都男（角川書店）

本書は、本文庫のために書き下ろされたものです。

不思議《ふしぎ》なくらい日本史《にほんし》の謎《なぞ》がわかる本《ほん》

著者　「歴史ミステリー」倶楽部（れきしみすてりー・くらぶ）
発行者　押鐘太陽
発行所　株式会社三笠書房
〒102-0072 東京都千代田区飯田橋3-3-1
電話　03-5226-5734（営業部）03-5226-5731（編集部）
http://www.mikasashobo.co.jp
印刷　誠宏印刷
製本　宮田製本

 ISBN978-4-8379-6667-8 C0120

＊落丁・乱丁本は当社営業部宛にお送りください。お取替えいたします。
＊定価・発行日はカバーに表示してあります。

王様文庫

王様文庫

眠れないほど面白い『古事記』

由良弥生

意外な展開の連続で目が離せない！「大人の神話集」！ ●【天上界vs.地上界】出雲の神々が立てた〝お色気大作戦〟●【恐妻家】嫉妬深い妻から逃れようと〝家出した〟神様 ●【日本版シンデレラ】牛飼いに身をやつした皇子たちの成功物語 ……読み始めたらもう、やめられない！

大人もぞっとする【初版】グリム童話

由良弥生

まだ知らないあなたへ――「メルヘン」の裏にある真実と謎●魔女（実母？）に食い殺されそうになったグレーテルの反撃……【ヘンゼルとグレーテル】●シンデレラが隠していた恐ろしい「正体」……【灰かぶり】●少女が狼に寄せるほのかな恋心……【赤ずきん】 ……ほか全9話！

世界史の謎がおもしろいほどわかる本

「歴史ミステリー」倶楽部

聖書の中に隠された預言、テンプル騎士団の財宝の行方、ケネディ大統領暗殺事件、ストーンサークルなど、世界史の謎は尽きることがない。本書では、歴史的大事件の裏側や、謎の古代遺跡に隠された驚くべき真実に迫る。

K30261